김명자 · 장혜영 공저

발음, 회화, 어휘 어법설명 및 표현
연습문제, 한자쓰기로 구성
중국어 발음 완전 해결

머리말

우선 이 책을 펼치고 지금 막 중국어를 시작하는 여러분께 축하드리며 감사의 인사를 드립니다. 중국어를 배우는 것은 세계 인구 약 5분의 1인 15억의 인구와 교제할 수 있고 아시아의 중심, 세계의 거대한 나라 중국을 얻는 것과 같으며 여러분께 새로운 비전과 기회가 주어질 것입니다.

한 · 중 수교가 약 30년으로 다가오고 있는 오늘날, 중국어는 선택이 아닌 필수로 우리 생활 속 깊숙이 스며들고 있습니다. 또한 관광, 무역, 유통, 제조, 의료, 과학기술, 교육 등 모든 분야에서 한 · 중 교류가 활발히 이루어지고 있어 중국어를 공부해야 할 뿐만 아니라 원활한 업무 진행을 위해서는 베스트가 되어야 만 빛을 낼 수 있고 경쟁력을 갖출 수 있습니다.

모든 배움에 있어서 기초가 튼튼해야 그 분야의 학문에서 경지에 달할 수 있듯이 중국어도 예외는 아닙니다.

본 교재는 중국어를 처음 접하는 사람을 대상으로 중국어 기초의 초석이 되는 발음에 주안점을 두고 전 단원에 걸쳐 중국어 발음을 확실하게 설명, 학습하는 것이 특징입니다. 또한 배운 발음을 더욱 견고하게 하기 위해 본문에 나오는 간단한 기본회화에도 배운 발음을 반복 연습할 수 있도록 문장을 엮었습니다. 본 교재를 공부하는 학습자는 교재 진도가 마무리 될 즈음 중국어 발음 체계인 漢語拼音字母한어병음자모는 확실히 익혀 다른 초보자에게 중국어 발음을 가르칠 수 있는 실력에 도달할 수 있습니다.

본 교재는 한국인에게 중국어를 가르치는 많은 원어민 선생님들을 위하여 어법설명 및 표현, 연습문제를 모두 한·중 두 가지 언어로 작성하여 중국어 교육에 편의를 제공하였습니다.

본 교재는 총 16과로 매 단원마다 발음, 회화, 어휘, 어법설명 및 표현, 연습문제, 한자쓰기로 구성하였습니다.

발음부분은 발음 요령을 설명하고 유사한 발음을 중점으로 연습하게 하고 본문을 통하여 다시 한 번 발음을 다지게 하였습니다.

회화부분은 간단한 생활회화 중심으로 앞에서 배웠던 발음을 이용하여 말을 해봄과 동시에 중국어 표현을 익히게 하였습니다.

어법설명 및 표현 부분은 중국어 문장을 이해하는 데 가장 기초가 되는 문법 포인트를 골라 많은 예문과 함께 쉽게 설명하였으며 해당 표현을 익히게 하였습니다.

연습문제는 본문의 중심내용을 확실히 숙지할 수 있도록 여러 가지 형태로 훈련하게 하였습니다.

한자쓰기는 중국어 입문과정에서 필히 알아야 하고 사용빈도가 높은 한자를 택하여 필순에 맞게 쓰면서 익힐 수 있도록 하였습니다.

아무쪼록 본 교재가 중국어를 시작하는 학습자들에게 많은 도움이 되길 간절히 바라며 본 교재를 출간에 이르기까지 도와주신 (주)백산출판사 및 편집부 여러분께 깊은 감사의 인사를 드립니다.

2020년 8월 7일

저자 김 명 자

차례

중국어의 기본 상식

1. 중국어의 개념

중국어는 언어학적으로 漢藏語族Sino-Tibetan Family에 속하며 중국 56개 민족 중에서 96%가 되는 漢族이 사용하는 언어로 중국 현지에서는 漢語라고 한다. 이 漢語는 중국지역 언어 특징에 따라 크게 北方方言북방방언, 吳方言오방언, 贛方言감방언, 閔方言민방언, 粵方言월방언, 湘方言상방언, 客家方言객가방언으로 나뉜다.

방언의 차이는 한 언어와 다른 외국어의 차이처럼 의사소통이 되지 않으므로 1955년 중국 정부는 標準語표준어를 지정하여 중국 전역에 보급시켰다. 이 표준어를 중국 현지에서는 普通話보통화라고도 칭하며 "北方方言을 기초방언으로 삼고, 北京音을 표준음으로 정하였으며 저명한 현대문학작품의 어법 기준을 따른다" 하였다. 우리가 공부하고자 하는 중국어는 바로 이 標準語표준어이다.

2. 중국어의 발음

예로부터 중국 한자를 표기하는 방법은 여러 가지가 있었으나 현재 중국에서는 漢語拼音字母한어병음자모를 사용하고 있다. 이 방법은 라틴字母를 택하여 중국어의 음절을 표시하도록 한 것이다. 그 음절의 구성은 아래와 같다.

音節 = 聲母 + 韻母 (聲調) = bāng

聲母성모는 한 음절의 첫소리이며 한국어의 "자음"에 해당된다. 聲母는 聲調성조가 없다.

韻母운모는 한 음절의 끝소리이며 한국어의 "모음"에 해당된다. 모든 韻母는 모두 聲調가 있다. 중국어의 한 음절의 聲調는 韻母에 의해 생겨난 것이다.

3. 중국어의 성조

세계 다른 언어와 비교할 때 중국어 발음에서 가장 큰 특징은 聲調성조가 있는 것이다. 이 성조는 4개로 나뉘는데 제1성은 "ㅡ"로 표기하고, 제2성은 "／", 제3성은 "∨", 제4성은 "＼"로 표기한다.

제1성	mā	妈
제2성	má	麻
제3성	mǎ	马
제4성	mà	骂

같은 음절이지만 성조에 따라 현저한 의미 차이를 보이고 있다. 聲調성조는 중국어 공부에서 가장 중요한 요소 중의 하나이다.

4. 중국어의 어휘와 문장 특징

1) 어휘

중국어의 어휘는 단음절어와 이음절어가 주류를 이룬다. 고대 중국어는 거의 단음절이었다.

예)	山	花	石	天	虎
	shān	huā	shí	tiān	hǔ

그러나 현대 중국어는 고대 중국어의 단음절어가 그대로 보존된 것도 있지만 대부분 접두사나 접미사를 붙이든가 두 개의 단음절을 합하여 이음절화하여 이음절 어휘가 절대다수를 차지한다.

2) 문장

중국어는 孤立語고립어에 속하며 屈折語굴절어나 膠着語교착어처럼 어휘들이 문장 속에서 서로 호응됨이 없이 고립되어 사용된다.

예) I am a student.
You are student.
He is student.

위의 문장에서 영어는 주어가 1인칭, 2인칭, 3인칭의 변화에 따라 뒤의 be 동사가 전부 변화된다. 그러나 중국어는 인칭 변화에 상관없이 "是" 하나로 사용된다. 즉 어휘는 고정되어 있으며 앞뒤 문장의 변화에 따라 어휘 본래 모습이 변화되지는 않는다. 이것은 한국인들이 중국어를 쉽게 배울 수 있는 요인 중의 하나이다.

第一课 你好!

발음

1. 단운모(單韻母)

a
[a] 아
입을 중간정도 벌리고 우리말의 "ㅏ"처럼 발음하되 약간 위에서 나는 소리다.

o
[o] 오우
입술을 둥글게 하고 우리말의 "ㅗ"처럼 발음하되 입을 약간 크게 벌린다.

e
[ɣ] 으어
우리말의 "ㅡ"와 "ㅓ"처럼 발음하며 입의 벌림 정도는 "ㅡ"보다는 크게 "ㅓ"보다는 작게 벌려 발음한다.

i
[i] 이
우리말의 "ㅣ"처럼 발음하되 입을 약간 크게 벌린다.

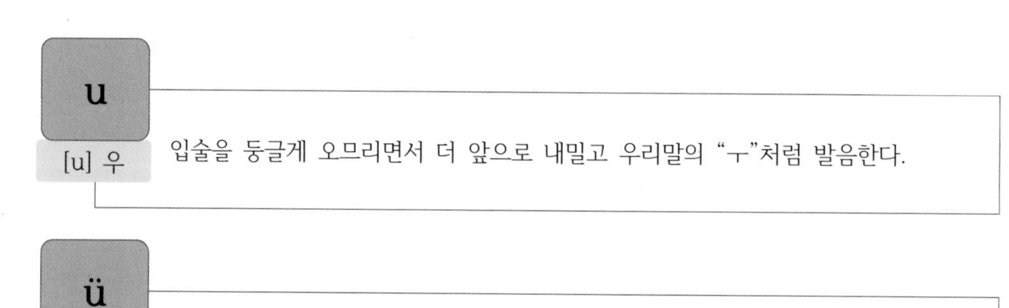

2. 단운모(單韻母)의 음절 표기법

중국어에서 운모韻母는 성모 없이 단독으로 음절音節을 표기할 수 있다. 중국어 한어병음자모漢語拼音字母의 대문자는 두 개밖에 없다. 'i'의 대문자는 'y'로, 'u' 대문자는 'w'로 표기하여 단운모의 음절 표기를 아래와 같이 한다.

운모	a	o	e	i	u	ü
음절	a	o	e	yi	wu	yu

3. 성조(声调)

성조는 음절의 고저, 높낮이의 변화이다. 현대 중국어에는 4개의 성조가 있다. 이 4가지 성조는 阴平음평(제1성), 阳平양평(제2성), 上声상성(제3성), 去声거성(제4성)이다. 아래 도면을 참고하세요.

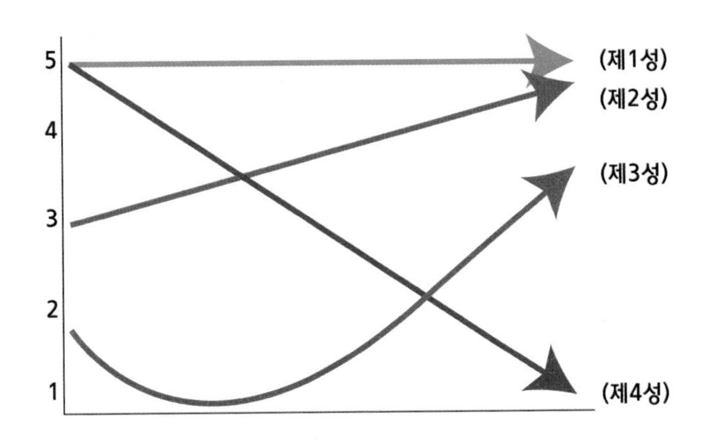

4가지 성조의 표시법은 아래와 같다.

제1성	→	阴平	음평	‣ mā
제2성	→	阳平	양평	‣ má
제3성	→	上声	상성	‣ mǎ
제4성	→	去声	거성	‣ mà

4. 발음연습

(1) 声调성조를 구분하여 발음하기

ā á ǎ à | ō ó ǒ ò | ē é ě è | ī í ǐ ì | ū ú ǔ ù | ǘ ǚ ǜ

(2) 그림 보고 발음하기

鹅 é 거위

鱼 yú 물고기

饿 è 배고프다

雨 yǔ 비

一 yī 하나

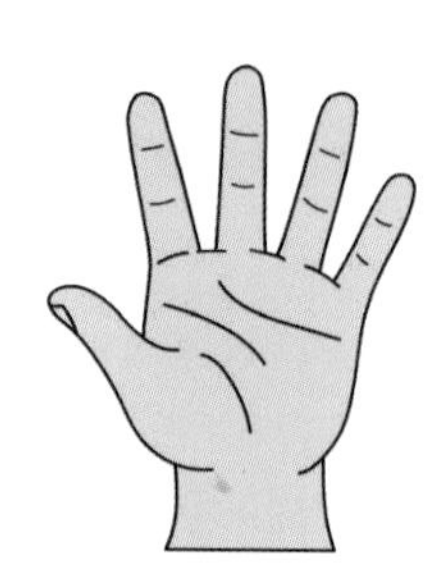

五 wǔ 다섯

亿 yì 억

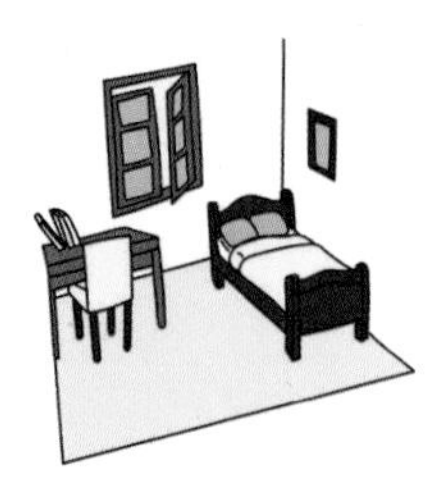

屋 wū 집안

회화 会话

❶ A. 你 好!
nǐ hǎo!

B. 你 好!
nǐ hǎo!

❷ A. 你 们 好!
nǐ men hǎo!

B. 你 好!
nǐ hǎo!

❸ A. 老 师, 你 好!
lǎo shī, nǐ hǎo!

B. 李 明, 你 好!
Lǐ Míng nǐ hǎo!

❹ A. 同 学 们 好!
tóng xué men hǎo!

B. 老 师 好!
lǎo shī hǎo!

❺ A. 你 好 吗?
nǐ hǎo ma?

B. 我 很 好, 你 呢?
wǒ hěn hǎo, nǐ ne?

A. 我 也 很 好。
wǒ yě hěn hǎo.

새 단어 生词

你	(代)	nǐ	너, 당신
好	(形)	hǎo	좋다
们		men	복수를 나타내는 접미사
老师	(名)	lǎo shī	선생님, 스승
李明	(名)	Lǐ Míng	이명
同学	(名)	tóng xué	학우, 동학, 학생에 대한 호칭
雨	(名)	yǔ	비
鹅	(名)	é	거위
饿	(名)	è	배고프다
一	(数)	yī	하나
亿	(量)	yì	억
鱼	(名)	yú	물고기
雨	(名)	yǔ	비
五	(名)	wǔ	다섯
屋	(名)	wū	방

어법설명 및 표현 语法说明及表达

1. 好

형용사 "好"는 '좋다. 아름답다. 훌륭하다. 만족하다'는 뜻을 갖고 있으며 회화에서 상대의 제안이나 의견에 동의를 표할 때 '그래, 좋아'라는 뜻으로 쓰이기도 한다.

形容词"好"包含"好，美丽，出色，满足"等意思。在会话中，对对方的意见，主张表示同意，赞同。

2. 你好!

"你好"는 '안녕하세요!'라는 뜻으로 자주 사용하는 인사말이며, 언제, 어디서나 사용할 수 있다. 상대방의 대답 역시 "你好"이다. 상대방이 웃어른이거나 낯선 사람일 경우에는 "您好"(nín hǎo)를 자주 사용한다. "你·您" 모두 2인칭대명사를 나타내는데, "您"은 존경이나 겸손의 호칭이다.

"你好!"如同韩国语的"안녕하세요"是常用的问候语，可随时随地使用。对话双方也用"你好"来回答。对年长者或陌生人常用"您好"问候。"你，您"是第二人称代词。"您"表示尊敬或谦虚。

3. 同学们好!

교실에서 수업 전 선생님께서 학생들한테 자주 사용하는 인사말로 '학생 여러분 안녕하세요!'라는 뜻이다.

课堂教学中，老师对学生的常用问候语。是'학생여러분，안녕하세요!'的意思。

4. 인칭대명사

인칭 \ 수	단수			복수		
1인칭	我	wǒ	나	我们	wǒmen	우리들
2인칭	你(妳)	nǐ	너	你们	nǐmen	당신들
	您	nín	당신			
3인칭	他	tā	그	他们	tāmen	그들
	她	tā	그녀	她们	tāmen	그녀들
	它	tā	그것	它们	tāmen	그것들

연습문제 练习题

1. 중국어의 기본운모 6개를 모방하여 적어 봅시다.

模仿试写下列六个基本韵母。

a a

o o

e e

i i

u u

ü ü

2. 다음 기본 운모의 음절을 적어 봅시다.

试写下列六个基本韵母的音节。

a → ______　　i → ______　　o → ______

u → ______　　ü → ______　　e → ______

3. 다음 한자와 발음이 맞는 것끼리 연결해 보세요.

连接与下列汉字相符的发音。

(1) 你 • 　　• shī

李 • 　　• Lǐ

师 • 　　• nǐ

(2) 同 • 　　• tóng

明 • 　　• xué

学 • 　　• Míng

4. 다음 어휘들에 해당되는 뜻을 선택하여 적어 보세요.

选择填写与下列汉字相符的意思。

- 你好 ________________ (좋은 아침 / 당신 / 안녕하세요)
- 同学 ________________ (학생 / 친구 / 학우)
- 雨 ________________ (비 / 물고기 / 물)
- 饿 ________________ (먹다 / 배고프다 / 좋다)
- 鱼 ________________ (물고기 / 고기 / 거위)
- 屋 ________________ (집 / 방 / 지붕)

5. 다음 그림을 보고 맞는 뜻을 연결하고 말해 봅시다.

连接与下列图相符的词汇。

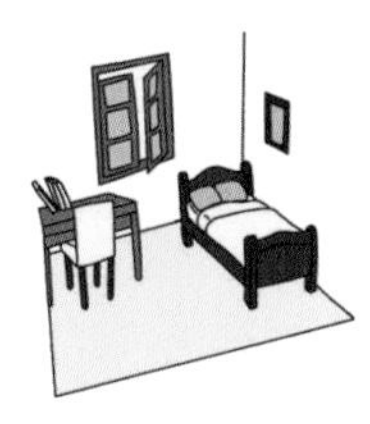

屋	鱼	鹅	雨	一
wū	yú	é	yǔ	yī

6. 다음 물음에 답해 봅시다.

回答下列句子。

(1) A. 你 好!
nǐ hǎo!

B. ______________________

(2) A. 你 们 好!
nǐ men hǎo!

B. ______________________

(3) A. 老 师, 你 好!
lǎo shī, nǐ hǎo!

B. ______________________

(4) A. 同 学 们 好!
tóng xué men hǎo!

B. ______________________

7. 다음 한자 필순을 모방하여 빈칸을 채워 넣으세요.

模仿练写下列汉字。

nǐ	丿 亻 亻 亻 仴 你 你						
你	你	你	你	你	你		

men	丿 亻 亻 亻 们						
们	们	们	们	们	们		

hǎo	ㄑ 女 女 好 好						
好	好	好	好	好	好		

míng	丨 冂 日 日 日 明 明 明						
明	明	明	明	明	明		

hěn	′ ㇀ 彳 彳ㄱ 彳ㄱ 彳ㄱ 彳ㄱ 很 很						
很	很	很	很	很	很		

tóng	丨 冂 冂 冂 同 同						
同	同	同	同	同	同		

xué	丶 丷 ⺍ ⺍ 学 学 学 学						
学	学	学	学	学	学		

lǎo	一 十 土 耂 老 老						
老	老	老	老	老	老		

shī	丨 刂 刂 刂 师 师						
师	师	师	师	师	师		

ma	丨 冂 口 口ㄱ 口ㄱ 吗 吗						
吗	吗	吗	吗	吗	吗		

ne	丨 冂 口 口ㄱ 口ㄕ 口ㄕ 呢 呢						
呢	呢	呢	呢	呢	呢		

第二课 他是谁?

발음

1. 성모(声母)

b [p]브어

두 입술을 닫았다가 벌리면서 나는 소리로 우리말의 “ㅃ”보다는 약하고 “ㅂ”보다는 강하게 발음한다.

p [p']프어

두 입술을 닫았다가 벌리면서 나는 소리로 우리말의 “ㅍ”에 가깝다.

m [m]므어

우리말의 “ㅁ”에 가까운 소리로 “ㅁ”보다 입을 둥글게 만들면서 발음한다.

f [f]프어

윗니가 아랫입술에 부딪히면서 마찰에 의해 나는 소리로 영어의 “f”와 같이 발음한다.

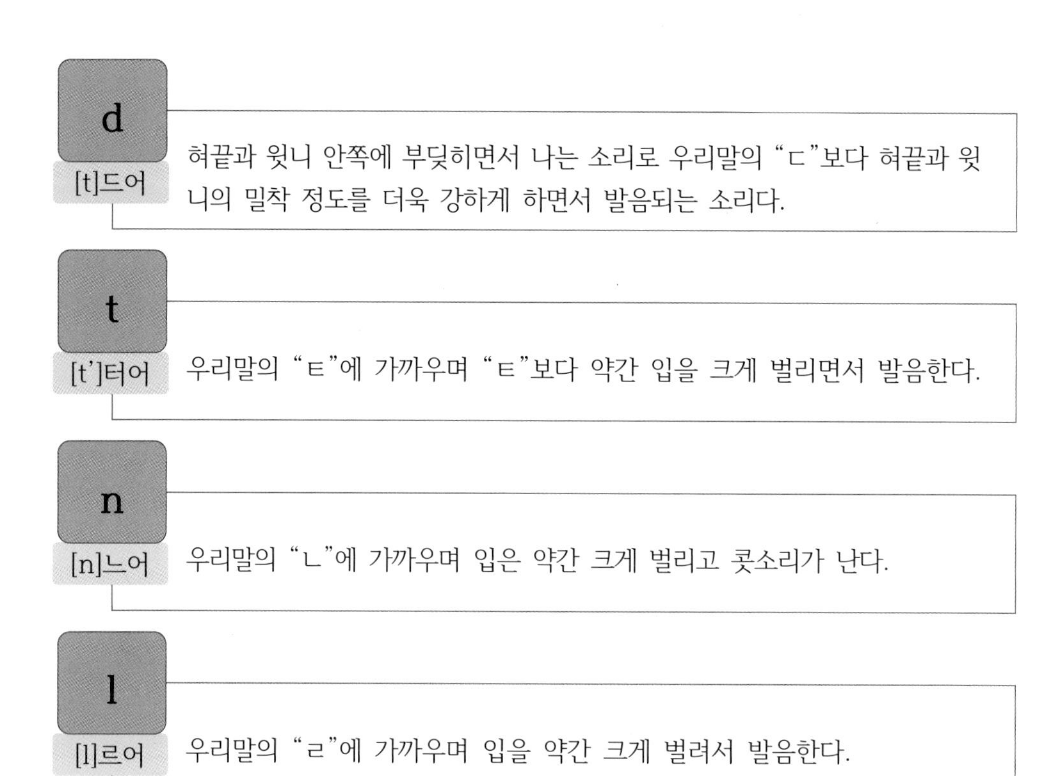

d
[t]드어
혀끝과 윗니 안쪽에 부딪히면서 나는 소리로 우리말의 "ㄷ"보다 혀끝과 윗니의 밀착 정도를 더욱 강하게 하면서 발음되는 소리다.

t
[t']터어
우리말의 "ㅌ"에 가까우며 "ㅌ"보다 약간 입을 크게 벌리면서 발음한다.

n
[n]느어
우리말의 "ㄴ"에 가까우며 입은 약간 크게 벌리고 콧소리가 난다.

l
[l]르어
우리말의 "ㄹ"에 가까우며 입을 약간 크게 벌려서 발음한다.

2. 성모와 운모의 결합

	a	o	e	i	u	ü
b	ba	bo		bi	bu	
p	pa	po		pi	pu	
m	ma	mo	me	mi	mu	
f	fa	fo			fu	
d	da		de	di	du	
t	ta		te	ti	tu	
n	na		ne	ni	nu	
l	la	lo	le	li	lu	lü

3. 발음연습

(1) 음절과 성조를 구분하기

bā pá mǎ fá dǎ dà tā nā ná nà là

bō pó mò fó dé tè lē lè bǐ bì pī

mǐ dí dì tī nǐ lì bǔ bù pū mǔ mù

fú dū tù nú nǚ nǜ lú lù lǘ lǜ

(2) 그림 보고 발음하기

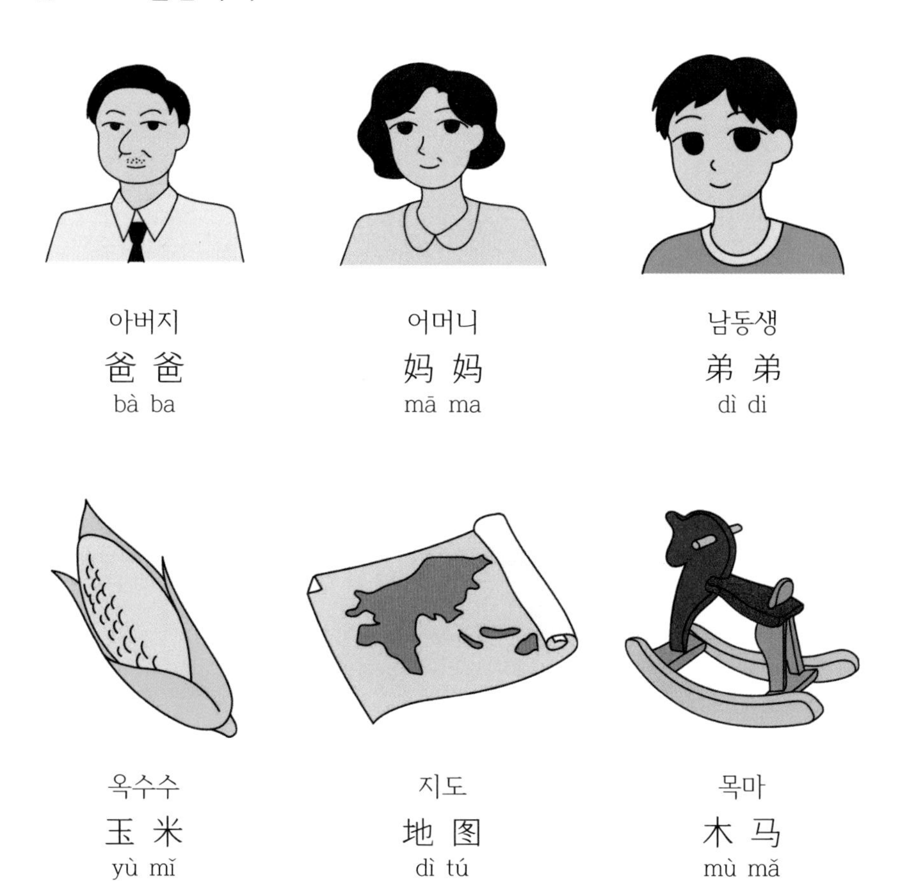

아버지
爸 爸
bà ba

어머니
妈 妈
mā ma

남동생
弟 弟
dì di

옥수수
玉 米
yù mǐ

지도
地 图
dì tú

목마
木 马
mù mǎ

회화 会话

❶ A. 你 好!
nǐ hǎo!

B. 你 好!
nǐ hǎo!

A. 他 是 谁?
tā shì shuí?

B. 他 是 我 爸 爸。
tā shì wǒ bà ba.

A. 她 是 谁?
tā shì shuí?

B. 她 是 我 妈 妈。
tā shì wǒ mā ma.

❷ A. 他 是 你 哥 哥 吗?
tā shì nǐ gē ge ma?

B. 是, 他 是 我 哥 哥。
shì, tā shì wǒ gē ge.

A. 她 是 你 姐 姐 吗?
tā shì nǐ jiě jie ma?

B. 是, 她 是 我 姐 姐。
shì, tā shì wǒ jiě jie.

A. 她 也 是 你 姐 姐 吗?
tā yě shì nǐ jiě jie ma?

B. 不 是, 她 是 我 的 同 学。
bú shì, tā shì wǒ de tóng xué.

새 단어 生词

他	(代)	tā	그 사람
是	(动)	shì	은/는 …이다, 옳다고 여기다
谁	(代)	shéi, shuí	누구
我	(代)	wǒ	나, 저
你	(代)	nǐ	너, 당신
哥哥	(名)	gēge	형, 오빠
吗	(助)	ma	의문조사, ~입니까?
她	(代)	tā	그녀
姐姐	(名)	jiějie	누나, 언니
不是		búshì	…이 아니다
我	(代)	wǒ	나
的	(助)	de	~의
同学	(名)	tóngxué	학우, 동학, 학생에 대한 호칭
玉米	(名)	yùmǐ	옥수수
地图	(名)	dìtú	지도
木马	(名)	mùmǎ	목마

어법설명 및 표현 语法说明及表达

1. 是

중국어에서 가장 많이 사용되는 동사로 사람이나 사물에 대한 판단 혹은 설명을 나타내며 [A+是+B](A는 B이다)의 형태로 사용된다. 부정은 「不是」(…가 아니다)이다.

"是"是在中国最常用的动词, 表示对人或事物的判断与说明, 以「A+是+B」(A는 B이다)的形式出现。「不是」(…가 아니다.)表示否定。

- 这 是 大 米。(이것은 쌀이다.)
  zhè shì dà mǐ.

- 我 不 是 学生。(나는 학생이 아니다.)
  wǒ bú shì xué shēng.

- 那 是 土。(저것은 흙이다.)
  nà shì tǔ.

- 他 不 是 老师。(그는 선생님이 아니다.)
  tā bú shì lǎo shī.

2. 吗

평서문 문미에 의문을 나타내는 어기조사 "吗"를 붙이면 일반 의문문이 된다.
在陈述句句尾加上表示疑问语气的助词 "吗", 就形成汉语的一般疑问句。

- 你 饿 吗? (배고파요?)
  nǐ è ma?

- 你 要 吃 鱼 吗? (생선 드실래요?)
  nǐ yào chī yú ma?

3. 谁

"谁"는 사람을 묻는 의문대명사 '누구'이다. 간단히 묻고자 하는 위치에 "谁"를 넣어 질문한다. 주로 문장의 주어나 목적어로 사용된다.
"谁"是用来问人的疑问代词, 疑问点在哪儿, 就把"谁"放到哪个位置。在句子中, 常做主语或宾语。

- 他 是 谁? (저 분은 누구예요?)
  tā shì shéi?

- 谁 说 饿? (누가 배고프다고 하는데?)
  shéi shuō è?

연습문제 练习题

1. 다음 중국어의 성모를 모방하여 적어 봅시다.

模仿试写下列声母。

b b

p p

m m

f f

d d

t t

n n

l l

2. 다음 한자와 발음이 맞는 것끼리 연결해 보세요.

连接与下列汉字相符的发音。

(1) 他 • • nǐ

我 • • wǒ

你 • • tā

(2) 哥哥 • • tóngxué

同学 • • jiějie

姐姐 • • gēge

3. 다음 어휘들에 해당되는 뜻을 선택하여 적어 보세요.

选择填写与下列汉字相符的词汇。

- 哥哥 ________________ (남동생 / 형, 오빠 / 삼촌)
- 姐姐 ________________ (누나, 언니 / 여동생 / 이모)
- 木马 ________________ (나무 / 말 / 목마)
- 玉米 ________________ (쌀 / 사탕 / 옥수수)
- 地图 ________________ (지도 / 그림 / 토지)

4. 다음 말들을 따라 적고 뜻을 적어 보세요.

- 我是 __________, __________我的 __________, __________
- 你是 __________, __________你的 __________, __________
- 他是 __________, __________他的 __________, __________
- 谁是 __________, __________谁的 __________, __________

5. 다음 그림과 맞는 어휘를 연결하고 발음해 봅시다.

连接与下列图相符的词汇，并发音。

姐 姐
jiě jie

爸 爸
bà ba

哥 哥
gē ge

妹 妹
mèi mei

妈 妈
mā ma

弟 弟
dì di

6. 다음 물음에 답해 봅시다.

回答下列句子。

(1) A. 他 是 谁?
tā shì shuí?

B. ______________________________

(2) A. 她 是 谁?
tā shì shuí?

B. ______________________________

(3) A. 他 是 你 哥 哥 吗?
tā shì nǐ gē ge ma?

B. ______________________________

(4) A. 她 是 你 姐 姐 吗?
tā shì nǐ jiě jie ma?

B. ______________________________

(5) A. 她 也 是 你 姐 姐 吗?
tā yě shì nǐ jiě jie ma?

B. ______________________________

7. 다음 한자 필순을 모방하여 빈칸을 채워 넣으세요.

模仿练写下列汉字。

tā	ノ 亻 仴 仲 他						
他	他	他	他	他	他		

shì	丨 冂 日 日 旦 早 早 昰 是						
是	是	是	是	是	是		

tā	ㄑ 女 奵 她 她						
她	她	她	她	她	她		

shéi, shuí	丶 讠 讠 讠 讠 讠 诈 诈 谁 谁						
谁	谁	谁	谁	谁	谁		

de	′ 亻 亻 白 白 的 的 的						
的	的	的	的	的	的		

gē	一 丁 丅 可 可 哥 哥 哥 哥 哥						
哥	哥	哥	哥	哥	哥		

bù	一 丆 不 不						
不	不	不	不	不	不		

jiě	㇛ 女 女 如 如 姐 姐 姐						
姐	姐	姐	姐	姐	姐		

yě	乛 㐌 也						
也	也	也	也	也	也		

第三课 你去哪儿?

발음

1. 성모(声母)

g
[k]그어

혀의 뒤 뿌리와 입천장 안쪽에서 마찰되면서 나는 소리로 우리 말의 "ㄲ"보다 약간 입을 크게 벌리고 발음한다.

k
[k']크어

혀의 뒤 뿌리와 입천장 안쪽에서 "g"보다 더욱 심하게 마찰되면서 우리말의 "ㅋ"보다 약간 길게 발음한다.

h
[x]흐어

우리말의 "ㅎ"보다 입을 약간 크게 벌리고 공기가 더 강하게 마찰되면서 나는 소리다.

j
[tɕ]지이

우리말의 "지"보다 입을 옆으로 길게 벌려서 발음한다.

q

[tɕ']치이 우리말의 "치"처럼 발음하되 기류를 강하게 밖으로 내보낸다.

x

[ɕ]씨이 우리말의 "씨"처럼 발음하되 기류를 밖으로 내보낸다.

2. 성모와 운모의 결합

	a	o	e	i	u	ü
g	ga		ge		gu	
k	ka		ke		ku	
h	ha		he		hu	
j				ji		ju
q				qi		qu
x				xi		xu

>>"j, q, x"와 "i"가 결합할 때 앞쪽의 음만 발음하고 "i"는 발음하지 않는다. "j, q, x"는 "u"와 결합할 수 없다. 대신 "j, q, x"와 "ü"가 결합할 때 "ü" 위의 두 점을 생략하여 "u"로 쓰고 발음은 "ü"로 한다.

3. 발음연습

(1) 음절과 성조 구분하기

gǎ kǎ hā gē gé kē kě hē hè

jí jǐ qī qí xǐ xì gū gù kǔ

kù hū hǔ jú jù qǔ qù xū xù

(2) 그림 보고 발음하기

고생을 참아내다

刻 苦

kè kǔ

고모

姑 姑

gū gu

닭

鸡

jī

트럭

卡 车

kǎ chē

호랑이

虎

hǔ

갈증나다

渴

kě

회화 会话

❶ A. 你 去 哪 儿?
nǐ qù nǎr?

B. 我 去 邮 局。
wǒ qù yóu jú.

A. 姐 姐 去 哪 儿?
jiě jie qù nǎr?

B. 姐 姐 去 剧 院?
jiě jie qù jù yuàn?

A. 弟 弟 去 哪 儿 了?
dì di qù nǎr le?

B. 弟 弟 去 学 校 了。
dì di qù xué xiào le.

❷ A. 哥 哥 在 家 吗?
gē ge zài jiā ma?

B. 他 不 在 家。
tā bú zài jiā.

A. 他 去 哪 儿 了?
tā qù nǎr le?

B. 他 去 学 校 了。
tā qù xué xiào le.

A. 姑 姑 在 家 吗?
gū gu zài jiā ma?

B. 姑 姑 也 不 在 家。
gū gu yě bù zài jiā.

A. 她 去 哪 儿 了?
tā qù nǎr le?

B. 她 去 剧 院 了。
tā qù jù yuàn le.

새 단어 生词

哥哥	(名)	gēge	오빠
姐姐	(名)	jiě jie	누나, 언니
姑姑	(名)	gūgu	고모
邮局	(名)	yóujú	우체국
学校	(名)	xuéxiào	학교
在	(动)	zài	있다, 존재하다
家	(名)	jiā	집
也	(副)	yě	~도, 역시
去	(动)	qù	가다
哪儿	(代)	nǎr	어디
剧院	(名)	jùyuàn	극장
了	(助)	le	동태조사

刻苦	(动)	kèkǔ	고생을 참아 내다. 몹시 애를 쓰다
鸡	(名)	jī	닭
卡车	(名)	kǎchē	트럭
虎	(名)	hǔ	호랑이
渴	(动)	kě	갈증나다

어법설명 및 표현 语法说明及表达

1. 了

① 동태조사 '了' (动态助词 "了")

동태조사 '了'는 동사 뒤나 문장의 끝에 위치하여 동작의 완료를 나타낸다.

动态助词 "了"放在动词或句末表示动作的完了。

- 她 去 剧 院 了。(그녀는 극장에 갔다.)
  tā qù jù yuàn le.

- 我 买 了 一 本 书。(나는 책을 한 권 샀다.)
  wǒ mǎi le yī běn shū.

- 他 去 中 国 了。(그는 중국에 갔다.)
  tā qù zhōng guó le.

② 어기조사 '了' (语气助词 "了")

어기조사 '了'는 문장 뒤에 붙여 어떤 일이나 상황이 이미 발생하였음을 나타낸다.

语气助词 "了"放在句末，表示某种事或状态已经发生了。

- 现 在 几 点 了? (지금 몇 시죠?)
  xiàn zài jǐ diǎn le?

- 外 面 下 雨 了。(밖에 비가 오네요.)
  wài miàn xià yǔ le.

2. 在

"在"는 보통 동사, 전치사, 부사로 사용되는데 본문에서는 동사 '~에 있다'라는 뜻으로 사람이나 사물이 어떤 장소에 존재함을 나타낸다. 부정형은 "不在"이다.

"在"一般用于动词, 介词, 副词。在本文中表示动词, 是'~에 있다'的意思。表示人或事物存在于何种场所。否定形是"不在"。

- 哥 哥 在 家。(형은 집에 있다.)
  gē ge zài jiā.
- 他 不 在 家。(그는 집에 없다.)
  tā bú zài jiā.
- 姑 姑 在 剧 院。(고모는 극장에 있다.)
  gū gu zài jù yuàn.

연습문제 练习题

1. 다음 중국어의 성운를 모방하여 적어 봅시다.

模仿试写下列声母。

g g

k k

h h

j j

q q

x x

2. 다음 한자와 발음이 맞는 것끼리 연결해 보세요.

连接与下列汉字相符的发音

(1) 姑姑 • • yóu jú

邮局 • • gū gu

学校 • • xué xiào

(2) 了 • • le

在 • • qù

去 • • zài

3. 다음 어휘들에 해당되는 뜻을 선택하여 적어 보세요.

选择填写与下列汉字相符的词汇。

- 哥哥 ____________________ (오빠 / 남동생 / 삼촌)
- 姐姐 ____________________ (여동생 / 누나 / 친구)
- 家 ____________________ (방 / 침실 / 집)
- 去 ____________________ (가다 / 걷다 / 있다)
- 哪儿 ____________________ (~의 / 역시, 또 / 어디)

4. 다음 말들을 따라 적고 뜻을 적어 보세요.

抄写下列短句并写出它的意义。

- 我去 ____________, ____________ 我在 ____________, ____________
- 你去 ____________, ____________ 你在 ____________, ____________
- 他去 ____________, ____________ 他在 ____________, ____________
- 她不去 ____________, ____________ 她不在 ____________, ____________

5. 다음 그림과 맞는 어휘를 연결하고 발음해 봅시다.

连接与下列图相符的词汇，并发音。

邮 局	剧 院	学 校	家	卡 车
yóu jú	jù yuàn	xué xiào	jiā	kǎ chē

6. 다음 물음에 답해 봅시다.

回答下列句子。

(1) A. 你 去 哪 儿?
nǐ qù nǎr?

B. ______________________________

(2) A. 姐 姐 去 哪 儿?
jiě jie qù nǎr?

B. ______________________________

(3) A. 弟 弟 去 哪 儿 了?
dì di qù nǎr le?

B. ______________________________

(4) A. 哥 哥 在 家 吗?
gē ge zài jiā ma?

B. ______________________________

(5) A. 姑 姑 在 家 吗?
gū gu zài jiā ma?

B. ______________________________

7. 다음 한자 필순을 모방하여 빈칸을 채워 넣으세요.

模仿练写下列汉字。

gē	一 丁 𠃌 可 可 哥 哥 哥 哥 哥						
哥	哥	哥	哥	哥	哥		

jiě	ㄑ 女 如 如 如 姐 姐						
姐	姐	姐	姐	姐	姐		

gū	ㄑ 女 女 女 女 姑 姑						
姑	姑	姑	姑	姑	姑		

yóu	丨 冂 日 由 由 由 邮 邮						
邮	邮	邮	邮	邮	邮		

jú	丿 厂 尸 月 局 局 局					
局	局	局	局	局	局	

xué	丶 丷 ⺍ ⺌ 𫩏 学 学 学					
学	学	学	学	学	学	

xiào	一 十 木 木 木 杧 杧 校 校 校					
校	校	校	校	校	校	

yuàn	丨 阝 阝 阝 阝 阝 阝 阝 院 院					
院	院	院	院	院	院	

jù	丿 厂 尸 尸 尸 尸 居 居 剧 剧					
剧	剧	剧	剧	剧	剧	

nǎ	丨 ㇑ 口 叮 吁 吁 吚 哵 哪 哪						
哪	哪	哪	哪	哪	哪		

yě	㇆ 㐅 也						
也	也	也	也	也	也		

jiā	丶 丷 宀 宀 宀 宁 豸 豸 家 家						
家	家	家	家	家	家		

zài	一 ナ 𠂇 才 存 在						
在	在	在	在	在	在		

qù	一 十 土 去 去						
去	去	去	去	去	去		

第四课 这是什么?

발음

1. 성모(声母)

z
[ts]즈으

혀를 펴서 아랫니 안쪽에 댄 상태에서 발음하며 우리말의 "즈으"보다 기류를 길게 밖으로 보낸다.

c
[ts']츠으

발음 부위는 "z"와 같고 우리말의 "츠으"음에 가까우며 기류를 길게 밖으로 내보낸다.

s
[s]쓰으

우리말의 "쓰으"에 가까우며 기류를 길게 밖으로 내밀면서 마찰시켜 내는 소리다.

zh
[tʂ]쯔으

혀끝 주위를 살짝 말아올려 우리말의 "쯔으" 발음을 낸다.

ch

[tʂ']츠으

혀끝 주위를 살짝 말아올려 우리말의 "츠으" 발음을 낸다.

sh

[ʂ]쓰으

혀끝 주위를 살짝 말아올려 우리말의 "쓰으" 발음을 낸다.

r

[ʐ]르으

우리말의 "르으"와 같게 발음하고 성대를 약간 진동시킨다.

2. 성모와 운모의 결합

	a	o	e	i	-i	u	ü
z	za		ze		zi	zu	
c	ca		ce		ci	cu	
s	sa		se		si	su	
zh	zha		zhe		zhi	zhu	
ch	cha		che		chi	chu	
sh	sha		she		shi	shu	
r			re		ri	ru	

3. 발음연습

(1) 음절과 성조 구분하기

zhá chá shǎ zā cā sǎ zhè chē shé

shè rě rè zé zè cè sè zhǐ chǐ

shí shì zī cì sì zhū chū shú shǔ

rǔ rù zū zǔ cū cù sū sù chē

(2) 그림 보고 발음하기

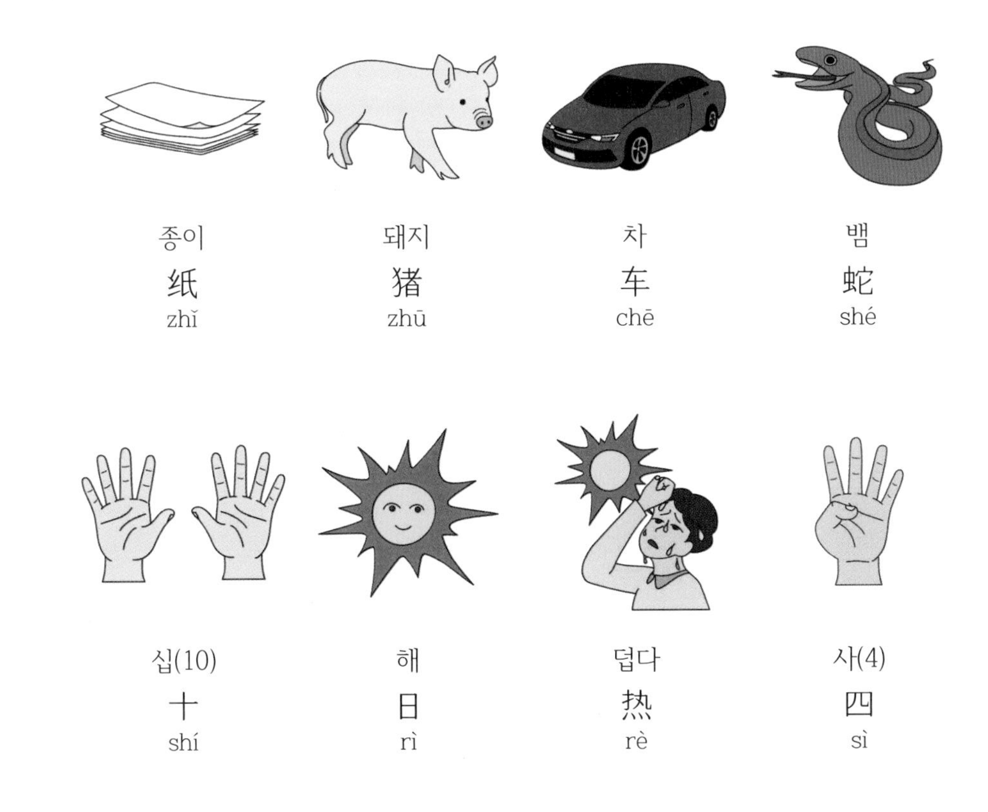

회화 会话

❶ A. 这 是 什 么?
zhè shì shén me?

B. 这 是 茶。
zhè shì chá.

A. 那 是 什 么?
nà shì shén me?

B. 那 是 车。
nà shì chē.

A. 那 也 是 车 吗?
nà yě shì chē ma?

B. 那 不 是 车, 那 是 船。
nà bù shì chē, nà shì chuán.

❷ A. 这 是 什 么?
zhè shì shén me?

B. 这 是 茶。
zhè shì chá.

A. 这 是 什 么 茶?
zhè shì shén me chá?

B. 这 是 红 茶。
zhè shì hóng chá.

A. 那 是 什 么?
nà shì shén me?

B. 那 是 尺 子。
nà shì chǐ zi.

A. 那 是 谁 的 尺 子?
nà shì shuí de chǐ zi?

B. 那 是 张 苏 日 的 尺 子。
nà shì zhāng sū rì de chǐ zi.

새 단어 生词

朱日	(名)	zhūrì	주일
这	(代)	zhè	이것
纸	(名)	zhǐ	종이
那	(代)	nà	그, 저것
是	(动)	shì	~이다
车	(名)	chē	차
船	(名)	chuán	배
茶	(名)	chá	차(Tea)
红茶	(名)	hóngchá	홍차
尺子	(名)	chǐzi	자
热	(形)	rè	덥다, 뜨겁다
足	(名)	zú	발

猪	(名)	zhū	돼지
蛇	(名)	shé	뱀
张苏日	(名)	zhāngsūrì	인명

어법설명 및 표현 语法说明及表达

1. 지시대명사

가까운 것(近称)			먼 것(远称)			의문(疑問)		
这	zhè	이것	那	nà	저것	哪	nǎ	어느~
这个	zhège	이것	那个	nàge	저것	哪个	nǎge	어느 것
这些	zhèxiē	이것들	那些	nàxiē	저것들	哪些	nǎxiē	어느 것들
这儿	zhèr	이곳	那儿	nàr	저곳	哪儿	nǎr	어느 곳

2. 什么

"什么"(무엇)은 사물에 대한 의문을 나타낼 때 사용하는 의문대명사이다. 중국어의 의문대명사는 영어처럼 항상 맨 앞에 오는 것이 아니고, 우리말처럼 문장에 따라 의문을 제기하는 위치가 주어이면 주어 위치에, 묻는 것이 목적어이면 목적어 위치에 사용된다.

"什么"是问事物的疑问代词。中国语的代词不象英语一样总是出现在句首。是象韩国语一样表示疑问的位置在主语就出现在主语的位置。提出疑问是宾语就出现在宾语的位置。

- 爸 爸 吃 什 么? (아버지는 무엇을 드세요?)
  bà ba chī shén me?

- 弟 弟 买 什 么? (남동생은 무엇을 사세요.)
  dì di mǎi shén me?

- 你 喝 什 么 饮 料? (당신은 어떤 음료를 드실 겁니까?)
  nǐ hē shén me yǐn liào?

연습문제 练习题

1. 다음 중국어의 성모를 모방하여 적어봅시다.

模仿试写下列声母。

z	z
c	c
s	s
zh	zh
ch	ch

sh	sh
r	r

2. 다음 한자와 발음이 맞는 것끼리 연결해 보세요.

连接与下列汉字相符的发音。

这 •	• zhè
那 •	• chē
车 •	• nà
船 •	• chuán
纸 •	• chá
茶 •	• zhǐ

3. 다음 어휘들에 해당되는 뜻을 선택하여 적어 보세요.

选择填写与下列汉字相符的词汇。

- 红茶 ______________ (녹차 / 홍차 / 자스민차)
- 尺子 ______________ (연필 / 지우개 / 자)
- 猪 ______________ (돼지 / 소 / 닭)
- 蛇 ______________ (뱀 / 용 / 호랑이)
- 热 ______________ (춥다 / 시원하다 / 덥다, 뜨겁다)
- 纸 ______________ (잡지 / 종이 / 책)

4. 다음 말들을 따라 적고 뜻을 적어 보세요.

抄写下列短句并写出它的意义。

- 这是 __________, __________那是 __________, __________
- 这不是 __________, __________那不是 __________, __________
- 什么茶 __________, __________什么车 __________, __________
- 不是猪 __________, __________不是蛇 __________, __________

5. 다음 그림과 맞는 어휘를 연결하고 발음해 봅시다.

连接与下列图相符的词汇，并发音。

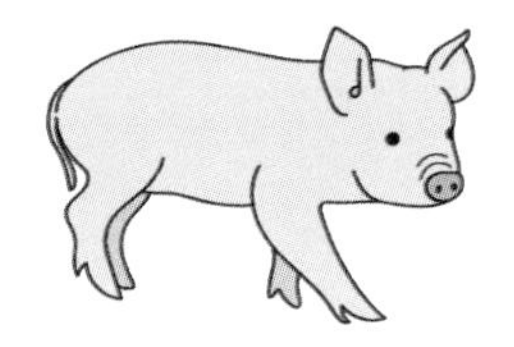

蛇
shé

茶
chá

猪
zhū

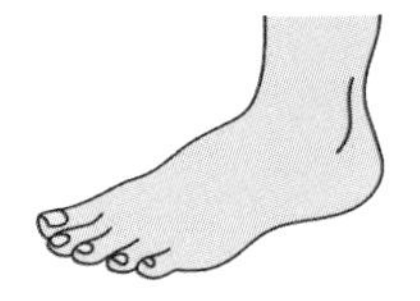
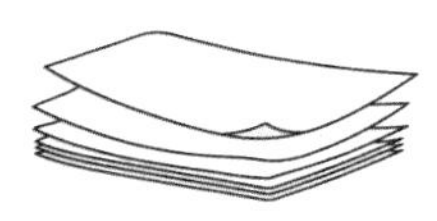

纸
zhǐ

车
chē

足
zú

6. 다음 물음에 답해 봅시다.

回答下列句子。

(1) A. 这 是 什 么?

zhè shì shén me?

B. ____________________

(2) A. 那 是 什 么?

nà shì shén me?

B. ____________________

(3) A. 这 是 车 吗?

zhè shì chē ma?

B. ____________________

(4) A. 那 是 蛇 吗?

nà shì shé ma?

B. ____________________

(5) A. 那 是 什 么 车?

nà shì shén me chē?

B. ____________________

(6) A. 那 是 谁 的 尺 子?

nà shì shuí de chǐ zi?

B. ____

7. 다음 한자 필순을 모방하여 빈칸을 채워 넣으세요.

模仿练写下列汉字。

chá	一 十 艹 艹 艾 苓 荃 荼 茶						
茶	茶	茶	茶	茶	茶		

zǐ	乛 了 子						
子	子	子	子	子	子		

zhè	丶 亠 ナ 文 文 汶 这						
这	这	这	这	这	这		

nà	𠃌 彐 ヨ 月 刖 那 那						
那	那	那	那	那	那		

chē	一 𠂇 左 左 车						
车	车	车	车	车	车		

hóng	𠃋 纟 纟 纟 红 红						
红	红	红	红	红	红		

chǐ	丿 尸 尸 尺						
尺	尺	尺	尺	尺	尺		

chuán	′ 丿 月 舟 舟 舟 舟 舡 舡 船 船						
船	船	船	船	船	船		

第五课 你做什么?

발음

1. 복운모(复韵母)

발음 포인트는 두 음소의 앞 a, e, o에 있으며 우리말의 “아이”, “에이”, “어우” 처럼 발음한다.

발음 포인트는 두 음소의 뒤 a, e, o에 있으며, 우리말의 “이아”, “이에”, “와”, “워”, “위에”처럼 발음한다.

복운모와 성모의 결합

운모 / 성모	ai	ei	ao	ou	ia	ie	ua	uo	üe
b	bai	bei	bao			bie			
p	pai	pei	pao	pou		pie			
m	mai	mei	mao	mou		mie			
f		fei		fou					
d	dai	dei	dao	dou		die		duo	
t	tai		tao	tou		tie		tuo	
n	nai	nei	nao	nou		nie		nuo	nue
l	lai	lei	lao	lou	lia	lie		luo	lue
g	gai	gei	gao	gou			gua		
k	kai	kei	kao	kou			kua		
h	hai	hei	hao	hou			hua		
j					jia	jie			jue
q					qia	qie			que
x					xia	xie			xue
z	zai	zei	zao	zou				zuo	
c	cai		cao	cou				cuo	
s	sai		sao	sou				suo	
zh	zhai	zhei	zhao	zhou			zhua	zhuo	
ch	chai		chao	chou			chua	chuo	
sh	shai	shei	shao	shou			shua	shuo	
r				rou			rua	ruo	

2. 발음연습

(1) 음절과 성조 구분하기

bāi	pāi	nài	lài	fēi	pēi	dào	tào
tóu	lóu	miè	niè	nüè	lüè	zài	zhài
jiá	xiá	quē	xuē	zuǒ	cuǒ	luò	ruò
gǒu	gòu	jiā	jià	zhuō	zhuó	sháo	shào
tuó	tuò	lǎo	lào	lái	lài	mǎi	mài

(2) 어휘 읽기

fēi jī	chū fā	hēi bǎn	shēn tǐ
qì chē	zì diǎn	wèn tí	zì jǐ

(3) 그림 보고 발음하기

배추
白 菜
bái cài

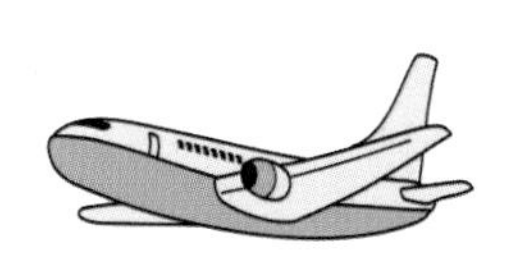

비행기
飞 机
fēi jī

고양이
猫
māo

아파트
楼 房
lóu fáng

꽃
花
huā

말하다
说 话
shuō huà

(물건을) 사다
买
mǎi

공부하다
学 习
xué xí

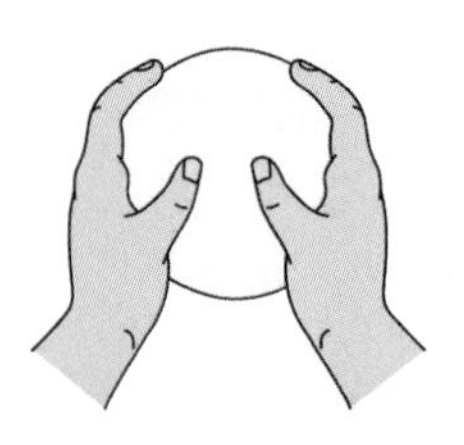

(손으로) 잡다
抓
zhuā

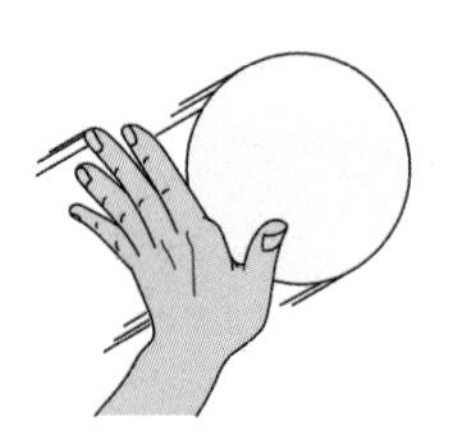

(공을) 치다
拍
pāi

회화 会话

❶ A. 你 做 什 么?
nǐ zuò shén me?

B. 我 看 书。
wǒ kàn shū.

A. 你 看 什 么 书?
nǐ kàn shén me shū?

B. 我 看 小 说。
wǒ kàn xiǎo shuō.

A. 妈 妈 做 什 么?
mā ma zuò shén me?

B. 妈 妈 看 电 视。
mā ma kàn diàn shì.

A. 妈 妈 看 什 么 节 目。
mā ma kàn shén me jié mù.

B. 妈 妈 看 电 视 剧。
mā ma kàn diàn shì jù.

❷ A. 爸 爸 做 什 么?
bà ba zuò shén me?

B. 爸 爸 喝 茶。
bà ba hē chá.

A. 爸 爸 喝 什 么 茶。
bà ba hē shén me chá.

B. 爸 爸 喝 红 茶。
bà ba hē hóng chá.

A. 爱 美 做 什 么?
ài měi zuò shén me?

B. 爱 美 买 花。
ài měi mǎi huā.

A. 爱 美 买 什 么 花。
ài měi mǎi shén me huā.

B. 爱 美 买 玫 瑰 花。
ài měi mǎi méi gui huā.

새 단어 生词

做	(动)	zuò	(~을) 하다
学习	(动)	xuéxí	공부하다
买	(动)	mǎi	사다
她	(代)	tā	그녀
白菜	(名)	báicài	배추
花	(名)	huā	꽃
东西	(名)	dōngxi	물건
看	(动)	kàn	보다, 구경하다
书	(名)	shū	책
小说	(名)	xiǎoshuō	소설
电视	(名)	diànshì	텔레비전
爱美	(名)	àiměi	인명
节目	(名)	jiémù	프로그램(program)
电视剧	(名)	diànshìjù	드라마
茶	(名)	chá	차
喝	(动)	hē	마시다
红茶	(名)	hóngchá	홍차
买	(动)	mǎi	사다
玫瑰花	(名)	méiguihuā	장미

어법설명 및 표현 语法说明及表达

1. 중국어의 기본 어순

중국어의 기본 어순은 영어와 같다.

中国语的基本语顺与英语相同。

주어 + 술어 + 목적어
(S) (V) (O)

- 我 打 球。(나는 공을 친다.)
  wǒ dǎ qiú.

- 他 听 音 乐。(그는 음악을 듣는다.)
  tā tīng yīn yuè.

- 我 看 电 视。(나는 TV를 본다.)
  wǒ kàn diàn shì.

- 她 写 汉 字。(그녀는 한자를 쓴다.)
  tā xiě hàn zì.

2. 做

중국어의 사전을 살펴보면 "做"와 "作"는 모두 '~을 하다', '만들다, 짓다'라는 공통 의미로 사용되는데 '너 뭐하니?'라는 순수 동작을 물을 때 보통 "做"를 사용하나 다른 글자와 조합하여 명사로 되는 경우 주로 "作"를 사용한다.

打开汉语词典"做"和"作"的解释都是 '~을 하다', '만들다, 짓다'的意思。但是纯属问动词"干什么"的时候主要用"做", 而与其他字组成名词时主要用"作"。

- 你 做 什 么? (너 뭐 하니?)
  nǐ zuò shén me?

- 你 做 什 么 作 业? (너는 무슨 숙제를 하니?)
  nǐ zuò shén me zuò yè?

- 你 做 的 作 品 是 这 个 吗? (당신이 만든 작품이 이것입니까?)
  nǐ zuò de zuò pǐn shì zhè ge ma?

연습문제 练习题

1. 중국어의 복운모를 모방하여 적어 봅시다.

模仿试写下列复韵母

ai	ai
ei	ei
ao	ao
ou	ou
ia	ia
ie	ie

ua ua

uo uo

üe üe

2. 다음 한자를 읽고 발음을 적어 봅시다.

读下列汉字并写出发音。

- 做 ________ 买 ________
- 花 ________ 白菜 ________
- 看 ________ 喝 ________
- 小说 ________ 电视 ________

3. 다음 그림과 맞는 어휘를 연결하고 발음해 봅시다.

连接与下列图相符的词汇，并发音。

花	书	白 菜	小 说	电 视
huā	shū	bái cài	xiǎo shuō	diàn shì

4. 다음 어휘들의 뜻을 적어 봅시다.

写出下面词汇的意思。

- 东西 ________________ 节目 ________________
- 学习 ________________ 小说 ________________
- 电视剧 ______________ 白菜 ________________

5. 다음 말들을 따라 적고 뜻을 적어 보세요.

抄写下列短句并写出它的意义。

- 做什么 ___________, ___________ 看什么 ___________, ___________
- 买什么 ___________, ___________ 喝什么 ___________, ___________
- 看电视 ___________, ___________ 看小说 ___________, ___________
- 什么节目 ___________, ___________ 什么书 ___________, ___________

6. 다음 물음에 답해 봅시다.

回答下列句子

(1) A. 你 做 什 么?
nǐ zuò shén me?

B. ______________________________

(2) A. 你 看 什 么?
nǐ kàn shén me?

B. ______________________________

(3) A. 妈妈买什么?
mā ma mǎi shén me?

B. ______________________________

(4) A. 爸爸喝什么?
bà ba hē shén me?

B. ______________________________

(5) A. 爸爸喝什么茶?
bà ba hē shén me chá?

B. ______________________________

(6) A. 妈妈看什么书?
mā ma kàn shén me shū?

B. ______________________________

7. 다음 한자 필순을 모방하여 빈칸을 채워 넣으세요.

模仿练写下列汉字。

bái	′ 亻 白 白 白						
白	白	白	白	白	白		

cài	一 十 艹 艹 艹 艹 艹 苎 苹 菜 菜						
菜	菜	菜	菜	菜	菜		

shuō	ˋ 讠 讠′ 讠′′ 讠′′ 说 说 说 说						
说	说	说	说	说	说		

mǎi	㇇ ㇇ ㇇ 乛 买 买						
买	买	买	买	买	买		

dōng	一 𠂇 𠃓 车 东 东						
东	东	东	东	东	东		

xī	一 丁 兀 匹 西 西						
西	西	西	西	西	西		

zuò	丿 亻 亻 什 什 估 估 估 做 做 做						
做	做	做	做	做	做		

diàn	丨 冂 日 日 电						
电	电	电	电	电	电		

shì	丶 ㇇ 礻 礻 礻 初 初 视 视						
视	视	视	视	视	视		

xué	丶 丷 ⺍ ⺍ 𭕄 学 学 学					
学	学	学	学	学	学		

xí	𠃌 ㇆ 习					
习	习	习	习	习	习		

jié	一 十 艹 节 节					
节	节	节	节	节	节		

mù	丨 冂 月 月 目					
目	目	目	目	目	目		

jù	丿 ⺁ 尸 尸 尸 居 居 居 剧 剧					
剧	剧	剧	剧	剧	剧		

hóng	纟 纟 纟 红 红					
红	红	红	红	红	红		

méi	一 二 于 王 王 玫 玫 玫					
玫	玫	玫	玫	玫	玫		

gui	一 二 于 王 王 玔 珀 珀 珀 瑰 瑰 瑰 瑰					
瑰	瑰	瑰	瑰	瑰	瑰		

第六课 你喝什么?

발음

1. 비운모(鼻韵母)

비운모는 前鼻韵母와 后鼻韵母로 나눈다.

전비운모(前鼻韵母)

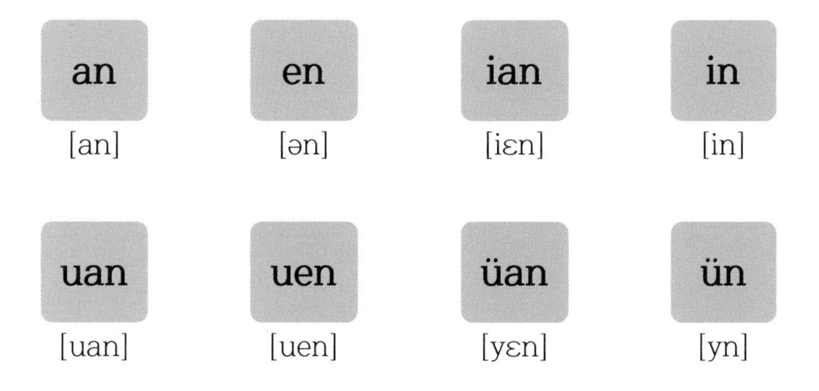

위 운모의 공통점은 운미가 "n"으로 되어 있고, 한국어의 "ㄴ" 발음을 내면 된다. 순서대로 우리말의 "안, 언, 이엔, 인, 우안, 우언, 위엔, 위인"과 같이 발음한다.

비운모와 성모의 결합

	an	en	ian	in	uan	uen	üan	ün
b	ban	ben	bian	bin				
p	pan	pen	pian	pin				
m	man	men	mian	min				
f	fan	fen						
d	dan		dian		duan	dun		
t	tan		tian		tuan	tun		
n	nan		nian	nin	nuan			
l	lan		lian	lin	luan	lun		
g	gan	gen				gun		
k	kan	ken				kun		
h	han	hen				hun		
j			jian	jin			juan	jun
q			qian	qin			quan	qun
x			xian	xin			xuan	xun
z	zan	zen			zuan	zun		
c	can	cen			cuan	cun		
s	san	sen			suan	sun		
zh	zhan	zhen			zhuan	zhun		
ch	chan	chen			chuan	chun		
sh	shan	shen			shuan	shun		
r	ran	ren			ruan	run		

2. 발음연습

(1) 음절과 성조 구분하기

bān pān	gēn kěn	jiān xiān	nuǎn ruǎn
juàn xuǎn	lùn kùn	zhēn chēn	shēn sēn

(2) 어휘 읽기

liàn xí	fàn wǎn	zhuàn shí	shēn tǐ
quán jī	xīn lǐ	tiān tiān	qīn qī
suàn shù	chūn tiān	hūn lǐ	
rén mín	càn làn	suān cài	shěn lǐ

(3) 그림 보고 발음하기

회화 会话

❶ A. 你 喝 什 么?
nǐ hē shén me?

B. 我 喝 红 茶, 你 呢?
wǒ hē hóng chá, nǐ ne?

A. 我 喝 咖 啡。
wǒ hē kā fēi.

B. 你 要 哪 种 咖 啡?
nǐ yào nǎ zhǒng kā fēi?

A. 我 要 拿 铁 咖 啡。
wǒ yào ná tiě kā fēi.

B. 加 糖 吗?
jiā táng ma?

A. 不 加 糖。
bù jiā táng.

❷ A. 你 想 吃 什 么?
nǐ xiǎng chī shén me?

B. 我 想 吃 面 包。
wǒ xiǎng chī miàn bāo.

A. 爸 爸 想 吃 什 么?
bà ba xiǎng chī shén me?

B. 爸 爸 想 吃 面 条。
bà ba xiǎng chī miàn tiáo.

A. 爸 爸 想 吃 哪 种 面 条?
bà ba xiǎng chī nǎ zhǒng miàn tiáo?

B. 爸 爸 想 吃 担 担 面。
bà ba xiǎng chī dàn dàn miàn.

A. 妈 妈 呢?
mā ma ne?

B. 妈 妈 想 吃 兰 州 炒 饭。
mā ma xiǎng chī Lán zhōu chǎo fàn.

새 단어 生词

看	(动)	kàn	보다
吃	(动)	chī	먹다
面包	(名)	miànbāo	빵
喝	(名)	hē	마시다
红茶	(名)	hóngchá	홍차(Black Tea)
咖啡	(名)	kāfēi	커피(coffee)
要	(助)	yào	희망하다, 바라다, 원하다, …할 것이다
哪	(代)	nǎ	무엇, 어느 것
种	(名)	zhǒng	종, 종류
拿铁	(名)	nátiě	라떼
想	(动)	xiǎng	생각하다, 바라다, 희망하다, …하고 싶다
面条	(名)	miàntiáo	국수
担担面	(名)	dàndànmiàn	단단멘

糖	(名)	táng	설탕, 사탕
加	(动)	jiā	더하다, 보태다
兰州炒饭	(名)	Lánzhōuchǎofàn	란저우 볶음밥

어법설명 및 표현 语法说明及表达

1. 主语．谓语．宾语

중국어의 기본 어순은 영어와 같으나 그 밖의 어순은 한국어와 비슷한 것도 있으며, 정확히 말하면 영어와 한국어의 중간 형태라고 볼 수 있다.

中国语的基本语顺与英语相同， 其它语顺与韩语相似。可以说是英语与韩语的中间状态。

주어(主语)+서술어(谓语)+목적어(宾语)
S V O

주어는 동작 · 행위에 관여하는 사람, 사물, 도구 등 화자가 화제로 제시한 것이 주어가 되고, 그 화제에 대한 설명이 술어가 된다. 목적어는 동사 뒤에서 동작 · 행위의 결과, 장소, 도구, 원인, 출현 등을 나타낸다.

主语是针对动作，行为的人，事物，工具等，是话者提出的话题，对话题进行说明的是谓语，宾语置于动作后，是动作，行为的结果，表示场所，工具，原因，出现等。

- 我 看 画 报。(나는 화보를 본다.)
  wǒ kàn huà bào.

- 爸 爸 吃 面 包。(아빠는 빵을 먹는다.)
  bà ba chī miàn bāo.

- 妈 妈 喝 咖 啡。(엄마는 커피를 마신다.)
  mā ma hē kā fēi.

2. 想

조동사 “想”은 ‘~하고 싶다, ~을 하려고 한다.’라는 뜻으로 “很”의 수식을 받을 수도 있다.

能愿动词“想”是 ‘~하고 싶다, ~을 하려고 한다.’的意思。可以受“很”的修饰。

- 你 想 吃 什 么? (넌 뭘 먹고 싶니?)
  nǐ xiǎng chī shén me?
- 我 很 想 吃 面 包。(나는 빵이 너무 먹고 싶다.)
  wǒ hěn xiǎng chī miàn bāo.
- 妈 妈 想 喝 咖 啡。(엄마는 커피를 마시고 싶어 한다.)
  mā ma xiǎng hē kā fēi.

연습문제 练习题

1. 중국어의 복운모를 모방하여 적어 봅시다.

模仿试写下列复韵母

an an

en en

ian ian

in in

uan uan

uen uen

üan üan

ün ün

2. 다음 한자를 읽고 발음을 적어 봅시다.

读下列汉字并写出发音。

- 看 ________ 吃 ________
- 喝 ________ 要 ________
- 想 ________ 做 ________

3. 다음 그림과 맞는 어휘를 연결하고 발음해 봅시다.

连接与下列图相符的词汇，并发音。

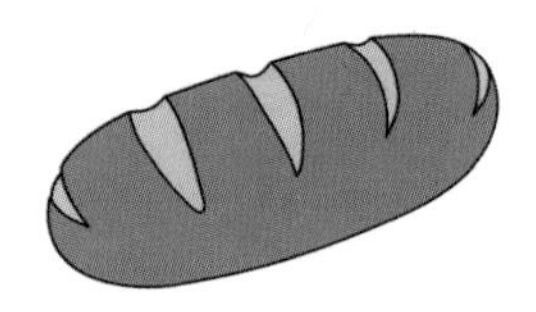

面包
miàn bāo

红茶
hóng chá

咖啡
kā fēi

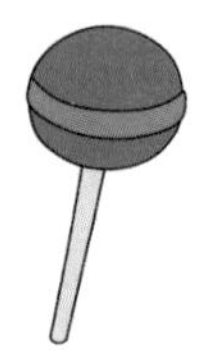

面条
miàn tiáo

饭
fàn

糖
táng

4. 다음 어휘들의 뜻을 적어 봅시다.

写出下面词汇的意思。

- 面包 ____________ 面条 ____________
- 吃 ____________ 喝 ____________
- 红茶 ____________ 咖啡 ____________

5. 다음 말들을 따라 적고 뜻을 적어 보세요.

抄写下列短句并写出它的意义。

- 做什么 ____________ 看什么 ____________
- 吃什么 ____________ 喝什么 ____________
- 看电视 ____________ 吃面包 ____________
- 喝红茶 ____________ 喝咖啡 ____________

6. 다음 물음에 답해 봅시다.

回答下列句子。

(1) A. 你 做 什 么?
nǐ zuò shén me?

B. ______________________________

(2) A. 你 看 什 么?
nǐ kàn shén me?

B. ______________________________

(3) A. 妈 妈 吃 什 么?
mā ma chī shén me?

B. ______________________________

(4) A. 爸 爸 喝 什 么?
bà ba hē shén me?

B. ______________________________

(5) A. 爸 爸 喝 什 么 茶?
bà ba hē shén me chá?

B. ______________________________

(6) A. 你 想 吃 什 么?
nǐ xiǎng chī shén me?

B. ______________________________

7. 다음 한자 필순을 모방하여 빈칸을 채워 넣으세요.

模仿练写下列汉字。

kàn	一 二 三 手 矛 看 看 看 看						
看	看	看	看	看	看		

chī	丨 口 口 口' 口𠂉 口𠂉 吃						
吃	吃	吃	吃	吃	吃		

hē	丨 口 口 口' 口口 口日 口日 口曰 口曷 喝 喝 喝						
喝	喝	喝	喝	喝	喝		

xiǎng	一 十 才 木 札 机 相 相 相 相 想 想 想						
想	想	想	想	想	想		

táng	丶 丷 䒑 半 米 米 米 粁 粐 粐 粐 糖 糖 糖 糖					
糖	糖	糖	糖	糖	糖		

chá	一 十 艹 艾 苂 苓 荼 荼 茶					
茶	茶	茶	茶	茶	茶		

kā	丨 ㄇ 口 叮 叻 咖 咖 咖 咖					
咖	咖	咖	咖	咖	咖		

fēi	丨 ㄇ 口 口 叫 叫 啡 啡 啡 啡 啡					
啡	啡	啡	啡	啡	啡		

miàn	一 丆 丆 丙 百 而 面 面 面					
面	面	面	面	面	面		

bāo	ノ 勹 勺 包 包						
包	包	包	包	包	包		

tiáo	ノ 夕 夂 冬 夅 条 条						
条	条	条	条	条	条		

jiā	フ 力 加 加 加						
加	加	加	加	加	加		

第七课 我有一个哥哥。

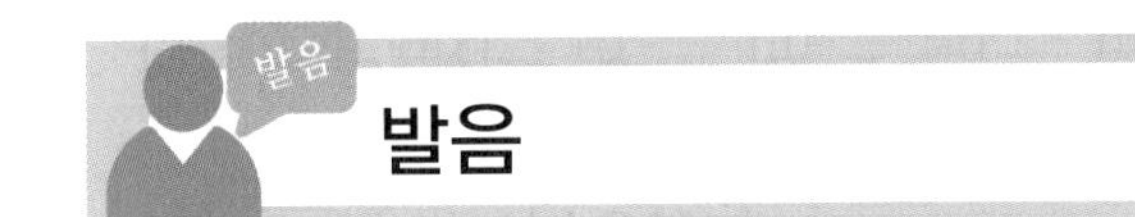

1. 후비운모(后鼻韵母)

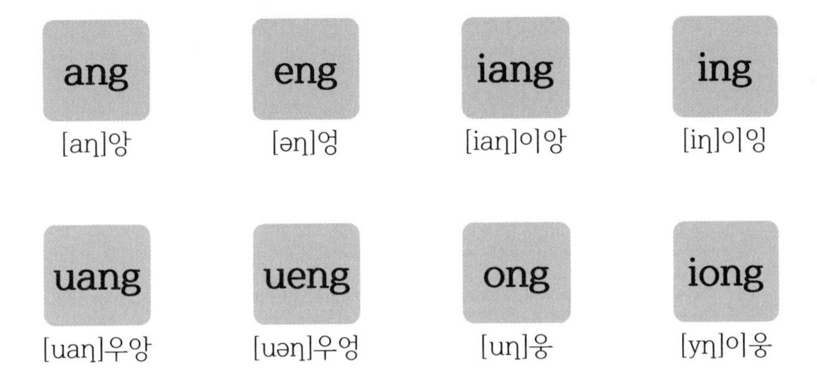

후비운모의 특징은 운미韵尾에 "ng"가 있으며, 한국어의 "ㅇ"으로 발음하면 된다. 순서대로 우리말의 "앙, 엉, 이앙, 잉, 우앙, 우엉, 웅, 이웅"과 같이 발음한다.

2. 후비운모와 성모의 결합

	ang	eng	iang	ing	uang	ueng	ong	iong
b	bang	beng		bing				
p	pang	peng		ping				
m	mang	meng		ming				
f	fang	feng						
d	dang	deng		ding			dong	
t	tang	teng		ting			tong	
n	nang	neng		ning			nong	
l	lang	leng		ling			long	
g	gang	geng					gong	
k	kang	keng					kong	
h	hang	heng					hong	
j			jiang	jing				jiong
q			qiang	qing				qiong
x			xiang	xing				xiong
z	zang	zeng						
c	cang	ceng						
s	sang	seng						
zh	zhang	zheng			zhuang		zhong	
ch	chang	cheng			chuang		chong	
sh	shang	sheng			shuang			
r	rang	reng					rong	

3. 발음연습

(1) 음절과 성조 구분하기

bāng bǎng	bīng píng	dēng tīng	féng héng
níng líng	kōng hōng	cháng chuáng	zhōng chōng
jiōng xiōng	qiáng jiāng	lóng róng	cēng sēng

(2) 어휘 읽기

cháng zhǎng	cháng chéng	bàng qiú	fāng gé
lěng kù	dīng zi	nóng mín	dōng tiān
zàng qīng	xiǎng liàng	zhōng guó	chóng zi

(3) 그림 보고 발음하기

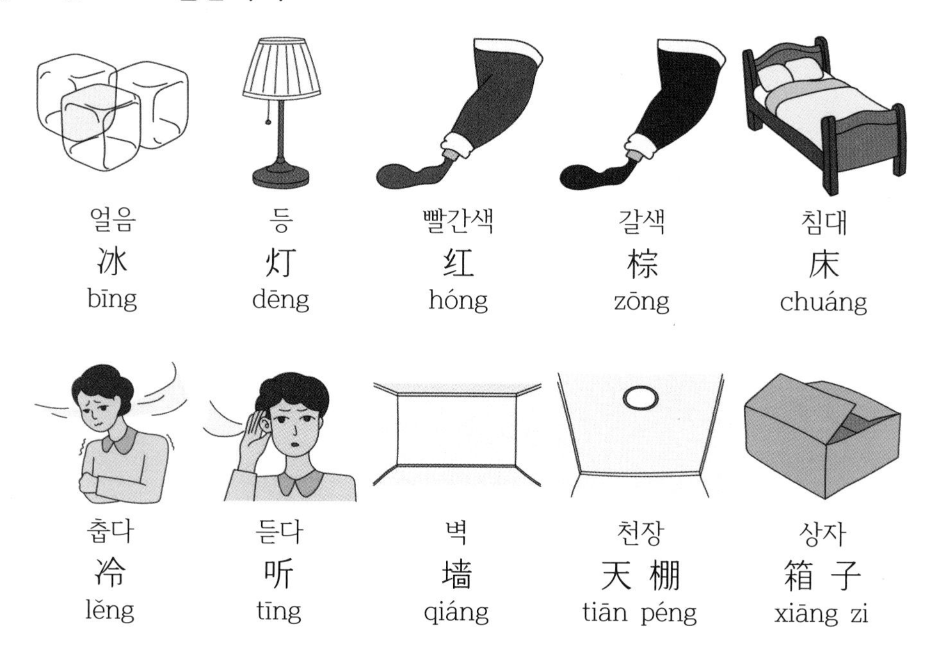

회화 会话

❶ A. 你 有 哥 哥 吗?
nǐ yǒu gē ge ma?

B. 有, 我 有 哥 哥。
yǒu, wǒ yǒu gē ge.

A. 你 有 几 个 哥 哥?
nǐ yǒu jǐ ge gē ge?

B. 我 有 一 个 哥 哥。
wǒ yǒu yí ge gē ge.

A. 你 有 姐 姐 吗?
nǐ yǒu jiě jie ma?

B. 没 有, 我 没 有 姐 姐。
méi yǒu, wǒ méi yǒu jiě jie.

A. 你 有 弟 弟、 妹 妹 吗?
nǐ yǒu dì di mèi mei ma?

B. 我 没 有 弟 弟, 但 是 有 一 个 妹 妹。
wǒ méi yǒu dì di, dàn shì yǒu yí gè mèi mei.

❷ A. 你 家 里 有 床 吗?
nǐ Jiā lǐ yǒu chuáng ma?

B. 我 家 里 没 有 床。 你 家 呢?
wǒ Jiā lǐ méi yǒu chuáng. nǐ Jiā ne?

A. 我 家 里 有 两 张 床。
wǒ Jiā lǐ yǒu liǎng zhāng chuáng.

B. 是 你 的 床 吗?
shì nǐ de chuáng ma?

A. 不 是 我 的 床。 我 不 睡 床。
bú shì wǒ de chuáng。wǒ bú shuì chuáng.

B. 那 么, 是 谁 的 床 呢?
nà me, shì shuí de chuáng ne?

A. 是 我 爸 爸, 妈 妈 和 妹 妹 的 床。
shì wǒ bà ba, mā ma hé mèi mei de chuáng.

새 단어 生词

有	(动)	yǒu	있다
哥哥	(名)	gēge	오빠, 형
姐姐	(名)	jiějie	언니, 누나
妹妹	(名)	mèimei	여동생
几	(代)	jǐ	몇
个	(量)	gè	개
没	(副)	méi	없다
家	(名)	jiā	집
床	(名)	chuáng	침대
睡	(动)	shuì	(잠을) 자다
的	(助)	de	~의
和	(助)	hé	…와, …과
冰	(名)	bīng	얼음

灯	(名)	dēng	등
红	(名)	hóng	빨간색
棕	(名)	zōng	갈색
床	(名)	chuáng	침대
听	(动)	tīng	듣다
冷	(形)	lěng	춥다
墙	(名)	qiáng	벽
天棚	(名)	tiānpéng	천장
箱子	(名)	xiāngzi	상자

어법설명 및 표현 语法说明及表达

1. 有

"有"는 소유를 나타내는 말이며, "有"는 긍정문에 "没有"는 부정문에 사용한다.
"有"表示拥有，"有"用于肯定句，"没有"用于否定句。

- 我 有 哥 哥。(나는 형(오빠)이 있다.)
  wǒ yǒu gē ge.

- 他 没 有 姐 姐。(나는 누나(언니)가 없다.)
  tā méi yǒu jiě jie.

2. 几

우리말의 '몇'으로, 주로 10 미만의 적은 수를 물을 때 사용하며 반드시 양사를 동반한다. 10 이상의 수를 물을 때는 "多少"를 사용한다. 단, 시간이나 날짜 등을 물을 때는 10 이상의 수도 "几"로 묻는다.
"几"是韩国语的 '몇'的意思。主要用于问10以下的数，必须与量词同时使用。问10以上的数时用"多少"提问。但问时间或日期等时，10以上的数，也可用"几"来问。

- 你 家 有 几 口 人? → 我 家 有 五 口 人。
  nǐ jiā yǒu jǐ kǒu rén? wǒ jiā yǒu wǔ kǒu rén.
  (당신의 식구는 몇 명입니까?) (저희 집 식구는 5명입니다.)

- 你有几本中文书?→ 我有两本中文书。
  nǐ yǒu jǐ běn zhōng wén shū wǒ yǒu liǎng běn zhōng wén shū
  (당신은 중국어 책이 몇 권 있습니까?) (저는 중국어 책 2권이 있습니다.)

- 现在几点? → 现在12点半。
  xiàn zài jǐ diǎn? xiàn zài shí èr diǎn bàn.
  (지금 몇 시입니까?) (지금은 12시 반입니다.)

- 今天几月几号? → 今天10月28号。
  jīn tiān jǐ yuè jǐ hào? jīn tiān shí yuè èr shí bā hào.
  (오늘은 몇 월 며칠입니까?) (오늘은 10월 28일입니다.)

- 一斤多少钱? → 一斤两块八。
  yì jīn duō shǎo qián? yì jīn liǎng kuài bā.
  (한 근<500g>에 얼마입니까?) (한 근<500g>에 2.5원입니다.)

- 你们班上有多少个学生? → 我们班有42名学生。
  nǐ men bān shàng yǒu duō shao ge xué sheng? wǒ men bān yǒu sì shí èr míng xué sheng.
  (당신 반에는 몇 명의 학생들이 있습니까?) (우리 반에는 42명의 학생이 있습니다.)

3. 和

우리말의 '~와(과)'에 해당하는 말로, 주로 명사를 연결할 때 사용된다. 세 개 이상의 단어를 연결할 때는 마지막 단어 앞에만 쓴다.

"和"是韩国语的 '~와(과)'的意思。主要用于连接名词。连接三个以上名词时'和'放在最后一个名词前。

- 我 和 他 都 是 韩 国 人。(나와 그는 모두 한국인이다.)
  wǒ hé tā dōu shì hán guó rén。

- 我 家 有 爸 爸, 妈 妈 姐 姐 和 我。(우리집 식구는 아버지, 어머니, 언니와 나이다.)
  wǒ jiā yǒu bà ba mā ma jiě jie hé wǒ。

4. 但是

"但是"는 주로 "虽然"와 함께 사용하며 "虽然…, 但是…"의 형태로 우리말의 '비록…이지만, 그러나 ~하다'에 해당한다. 앞 구절의 사실과 다른 뒷 구절의 사실을 강조한다.

"但是"主要与"虽然"一起使用, 以"虽然…, 但是…"的形式出现, 表示韩国语的 '비록…이지만, 그러나 ~하다'的意思。强调与前句不同的后句的事实。

- 虽 然 他 看 过 这 个 电 影, 但 是 今 天 又 看 了 一 遍。
  suī rán tā kàn guò zhè ge diàn yǐng, dàn shì jīn tiān yòu kàn le yí biàn.
  (비록 그는 이 영화를 봤었지만 오늘 다시 한 번 보았다.)

- 虽 然 雨 下 得 不 小, 但 是 我 们 还 是 出 去 玩 儿 了。
  suī rán yǔ xià de bù xiǎo dàn shì wǒ men hái shì chū qù wánr le.
  (비록 비는 많이 내렸지만 우리는 그래도 나가서 놀았다.)

연습문제 练习题

1. 중국어의 복성운을 모방하여 적어 봅시다.

模仿试写下列声复母。

ang	ang
eng	eng
iang	iang
ing	ing
uang	uang
ueng	ueng

ong	ong
iong	iong

2. 다음 그림과 맞는 어휘를 연결하고 발음해 봅시다.

> 连接与下列图相符的词汇，并发音。

爸爸 bà ba

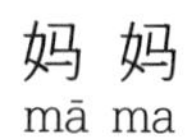

妈妈 mā ma

哥哥 gē ge

姐姐 jiě jie

床 chuáng

睡 shuì

3. 다음 한자와 발음이 맞는 것끼리 연결해 보세요.

连接与下列汉字相符的发音。

(1) 弟弟 • • jiějie
妹妹 • • dìdi
姐姐 • • mèimei

(2) 冰 • • dēng
冷 • • bīng
灯 • • lěng

4. 다음 어휘들에 해당되는 뜻을 선택하여 적어 보세요.

选择填写与下列汉字相符的词汇。

- 天棚 ________________ (하늘 / 창고 / 천장)
- 墙 ________________ (벽 / 창 / 지붕)
- 箱子 ________________ (대나무 / 상자 / 가구)
- 家 ________________ (방 / 집 / 침대)
- 床 ________________ (침대 / 상자 / 책상)
- 听 ________________ (읽다 / 듣다 / 놀다)

5. 다음 말들을 따라 적고 뜻을 적어 보세요.

抄写下列短句并写出它的意义。

- 有哥哥 __________, __________有姐姐 __________, __________
- 我家 __________, __________他家 __________, __________
- 有床 __________, __________谁的床 __________, __________
- 几张床 __________, __________几个姐姐 __________, __________

6. 다음 물음에 답해 봅시다.

回答下列句子。

(1) A. 你 有 哥 哥 吗?
nǐ yǒu gē ge ma?

B. ____

(2) A. 你 有 姐 姐 吗?
nǐ yǒu jiě jie ma?

B. ____

(3) A. 你 有 几 个 哥 哥?
nǐ yǒu jǐ ge gē ge?

B. ______________________________

(4) A. 你 有 几 个 姐 姐?
nǐ yǒu jǐ ge jiě jie?

B. ______________________________

(5) A. 你 家 里 有 床 吗?
nǐ Jiā lǐ yǒu chuáng ma?

B. ______________________________

(6) A. 你 睡 床 吗?
nǐ shuì chuáng ma?

B. ______________________________

7. 다음 한자 필순을 모방하여 빈칸을 채워 넣으세요.

模仿练写下列汉字。

yǒu	一ナ十有有有						
有	有	有	有	有	有		

gē	一 丁 丁 可 可 哥 哥 哥 哥 哥						
哥	哥	哥	哥	哥	哥		

jiě	𡿨 女 女 如 如 姐 姐 姐						
姐	姐	姐	姐	姐	姐		

jǐ	丿 几						
几	几	几	几	几	几		

chuáng	丶 亠 广 庐 庄 床 床						
床	床	床	床	床	床		

mò	丶 冫 氵 氵 汃 沒 没						
没	没	没	没	没	没		

jiā	丶 丷 宀 宀 宀 宁 宇 家 家 家						
家	家	家	家	家	家		

shuì	丨 ∏ 目 目 目 盱 盰 盰 睡 睡 睡						
睡	睡	睡	睡	睡	睡		

shéi	丶 讠 讠 讠 讠 讠 讠 讠 谁 谁						
谁	谁	谁	谁	谁	谁		

hé	一 二 千 禾 禾 和 和 和						
和	和	和	和	和	和		

第八课 我喜欢游泳。

발음

1. 운모의 재분류(韵母的再分类)

중국어의 韵母(운모)는 韵头(운두)에 따라 분류될 수도 있다. 이런 분류법을 "四呼"(사호)법이라 하다. "i"와 운두에 "i"가 있는 운모를 "齐齿呼"(제치호)라 하며, "u"와 운두에 "u"가 있는 것을 "合口呼"(합구호), "ü"와 "ü"가 운두에 있는 것을 "撮口呼"(촬구호)라 한다. 그 외의 운모를 "开口呼"(개구호)라 한다.

보통화 운모표

四呼 / 韵母	开口呼	齐齿呼	合口呼	撮口呼
单元音韵母		i	u	ü
	a	ia	ua	
	o			
	e			
		ie		üe
	er			

复元音韵母	ai		uai	
	ei		uei	
	ao	iao		
	ou	iou		
鼻韵母	an	ian	uan	üan
	en	in	uen	ün
	ang	iang	uang	
	eng	ing	ueng	
	ong	iong		

2. 영성모(零声母)

영성모란 한 음절에서 성모가 없는 음절을 이야기 한다. 운모가 단독으로 하나의 음절이 될 때 그 표기법은 아래와 같다.

(1) 개구호(开口呼)의 음절 표기법

开口呼	a	o	e	ai	ei	ao	ou	an	en	ang	eng	ong
音节	a	o	e	ai	ei	ao	ou	an	en	ang	eng	ong

개구호开口呼가 단독으로 하나의 음절로 될 때 운모의 표기법과 같다.

(2) 제치호(齐齿呼)의 음절 표기법

齐齿呼	i	ia	ie	iao	iou	ian	in	iang	ing	iong
音节	yi	ya	ye	yao	you	yan	yin	yang	ying	yong

위의 제치호齐齿呼의 음절 표기 중 in과 ing만 "i"의 대문자 "y"를 덧붙여 주고 그 외의 음절은 소문자 "i"를 대문자 "y"로 바꾸어 적어 주는 것을 원칙으로 한다.

(3) 합구호(合口呼)의 음절 표기법

合口呼	u	ua	uo	uai	uei	uan	uen	uang	ueng
音节	wu	wa	wo	wai	wei	wan	wen	wang	weng

합구호合口呼가 음절로 표기될 때 소문자 "u"를 "w"로 바꾸어 적는 것을 원칙으로 하고 "u"가 단독으로 하나의 음절로 표기될 때는 "u" 앞에 "w"를 덧붙여 "wu"로 적는다.

(4) 촬구호(撮口呼)

撮口呼	ü	üe	üan	ün
音节	yu	yue	yuan	yun

촬구호撮口呼가 음절로 표기될 때 "ü"를 "yu"로 적는 것을 원칙으로 한다.

3. 발음연습

(1) 음절과 성조 구분하기

yì	yīn	yè	yuè	wāi	wān	yuǎn	wǎn
wáng	yáng	yǎo	yǒu	wèi	wài	wǔ	yǔ

(2) 어휘 읽기

yìqǐ	yéye	yǒuqíng	wǔshí	wàibiān
wèntí	yǔlù	yuèbǐng	yuǎnfāng	yùnshū

(3) 그림 보고 발음하기

오리
鸭 子
yā zi
할아버지
爷 爷
yé ye
담배
烟
yān
양
羊
yáng
밖
外 边
wài biān
수영
游 泳
yóu yǒng
테니스
网 球
wǎng qiú
음악
音 乐
yīn yuè
구름
云
yún
둥글다
园
yuán

회화 会话

❶ A. 你 妈 妈 喜 欢 做 什 么?
nǐ mā ma xǐ huan zuò shén me?

B. 她 喜 欢 听 音 乐。
tā xǐ huan tīng yīn yuè.

A. 你 爸 爸 喜 欢 做 什 么?
nǐ bà ba xǐ huan zuò shén me?

B. 他 喜 欢 吸 烟。
tā xǐ huan xī yān.

A. 你 姐 姐 喜 欢 做 什 么?
nǐ jiě jie xǐ huan zuò shén me?

B. 她 很 喜 欢 游 泳。
tā hěn xǐ huan yóu yǒng.

A. 你 弟 弟 呢?
nǐ dì di ne?

B. 他 喜 欢 打 网 球。
tā xǐ huan dǎ wǎng qiú.

❷ A. 你 妈 妈 喜 欢 吃 什 么?
nǐ mā ma xǐ huan chī shén me?

B. 她 喜 欢 吃 羊 肉。
tā xǐ huan chī yáng ròu.

A. 你 哥 哥 喜 欢 吃 什 么?
nǐ gē ge xǐ huan chī shén me?

B. 他 喜 欢 吃 鸭 肉。
tā xǐ huan chī yā ròu.

A. 你 姐 姐 呢?
nǐ jiě jie ne?

B. 她 不 喜 欢 吃 肉, 她 喜 欢 吃 蔬 菜。
tā bù xǐ huan chī ròu, tā xǐ huan chī shū cài.

A. 你 喜 欢 吃 什 么?
nǐ xǐ huān chī shén me?

B. 我 喜 欢 吃 水 果。
wǒ xǐ huān chī shuǐ guǒ.

새 단어 生词

喜欢	(动)	xǐhuan	좋아하다
做	(动)	zuò	~을 하다
听	(动)	tīng	듣다
音乐	(名)	yīnyuè	음악
吸烟	(动)	xīyān	담배를 피다, 흡연하다
很	(副)	hěn	매우, 아주
游泳	(动)	yóuyǒng	수영하다, 헤엄치다
弟弟	(名)	dìdi	아우, 남동생
打	(动)	dǎ	치다, 때리다, 두드리다
网球	(名)	wǎngqiú	테니스
哥哥	(名)	gēge	형, 오빠
也	(助)	yě	~도
羽毛球	(名)	yǔmáoqiú	배드민턴
吃	(动)	chī	먹다, 마시다
肉	(名)	ròu	고기
羊	(名)	yáng	양
鸭	(名)	yā	오리
蔬菜	(名)	shūcài	채소
水果	(名)	shuǐguǒ	과일

어법설명 및 표현 语法说明及表达

1. 喜欢

심리활동을 나타내는 동사 "喜欢"은 '좋아하다'라는 뜻으로 정도부사의 수식을 받을 수 있다.

表示心理活动的动词"喜欢"是 '좋아하다' 的意思，它可以受程度副词的修饰。

• 你 妈 妈 喜 欢 做 什 么?
nǐ mā ma xǐ huan zuò shén me?
(어머니는 무엇 하는 것을 좋아하시니?)

• 她 很 喜 欢 游 泳。
tā hěn xǐ huan yóu yǒng.
(그녀는 아주 수영을 좋아해.)

• 她 不 太 喜 欢 吃 羊 肉。
tā bú tài xǐ huan chī yáng ròu.
(그녀는 그다지 양고기를 좋아하지 않아.)

2. 呢

"呢"는 평서문 문미에 쓰여 주로 동작이나 상황이 지속됨을 나타내거나 혹은 선택의문문 끝에 쓰여 강조를 나타낸다.

"呢"放在陈述句后，表示动作或何种情况的持续，或放在疑问句后面，表示强调。

- 我 在 家 呢。(나는 집에 있어.)
  Wǒ zài jiā ne.

- 你 怎 么 知 道 了 呢? (너 어떻게 안거야?)
  Nǐ zěn me zhī dào le ne?

연습문제 练习题

1. 아래 영성모를 음절로 전환해 보세요.

把下列零声母转换成音节。

- ai → ________ ou → ________
- ong → ________ ie → ________
- ian → ________ in → ________
- ing → ________ uei → ________
- üe → ________ ün → ________

2. 다음 음절을 음소로 전환해 적어 보세요.

把下列音节转换成音素。

- ao → ________ eng → ________
- ya → ________ yin → ________
- yue → ________ yu → ________

- wang → ____________　　wo → ____________
- yao → ____________　　wan → ____________
- yuan → ____________　　yun → ____________

3. 다음 한자와 발음이 맞는 것끼리 연결해 보세요.

连接与下列汉字相符的发音。

(1) 烟 •　　• yān
羽毛球 •　　• yīnyuè
音乐 •　　• yóuyǒng
游泳 •　　• yǔmáoqiú

(2) 肉 •　　• ròu
羊 •　　• yā
鸭 •　　• yáng
蔬菜 •　　• shūcài

4. 다음 어휘의 뜻을 적어 봅시다.

写出下列词汇的韩意。

- 喜欢 ______________ 网球 ______________
- 吸烟 ______________ 羽毛球 ______________
- 打 ______________ 听 ______________
- 吃 ______________ 喝 ______________

5. 다음 말들을 따라 적고 뜻을 적어 보세요.

抄写下列短句并写出它的意义。

- 做什么 ____________, ____________ 听什么 ____________, ____________
- 打什么 ____________, ____________ 听音乐 ____________, ____________
- 打网球 ____________, ____________ 吃水果 ____________, ____________

6. 다음 물음에 답해 봅시다.

回答下列句子。

(1) A. 你 喜 欢 做 什 么?
nǐ xǐ huan zuò shén me?

B. ______

(2) A. 你 喜 欢 听 什 么?
nǐ xǐ huan tīng shén me?

B. ______

(3) A. 你 喜 欢 打 什 么 球?
nǐ xǐ huan dǎ shén me qiú?

B. ______

(4) A. 你 爸 爸 喜 欢 做 什 么?
nǐ bà ba xǐ huan zuò shén me?

B. ______

(5) A. 你 妈 妈 喜 欢 吃 什 么?
nǐ mā ma xǐ huan chī shén me?

B. ______

(6) A. 你 哥 哥 喜 欢 游 泳 吗?

nǐ gē ge xǐ huan yóu yǒng ma?

B. ______________________________

7. 다음 한자 필순을 모방하여 빈칸을 채워 넣으세요.

模仿练写下列汉字。

xǐ	一 十 士 吉 吉 吉 吉 喜 喜 喜 喜						
喜	喜	喜	喜	喜	喜		

huān	7 ヌ ヌ' 欢 欢 欢						
欢	欢	欢	欢	欢	欢		

tīng	丨 口 口 口 叮 听 听						
听	听	听	听	听	听		

yīn	丶 亠 亠 亣 立 产 产 音 音					
音	音	音	音	音	音		

xī	丨 冂 口 叮 吸 吸					
吸	吸	吸	吸	吸	吸		

yān	丿 火 火 火 灯 炉 烟 烟 烟 烟					
烟	烟	烟	烟	烟	烟		

yuè	一 厂 斤 乐 乐					
乐	乐	乐	乐	乐	乐		

zuò	丿 亻 仁 什 估 估 估 做 做 做 做					
做	做	做	做	做	做		

yóu	丶 冫 氵 氵 氵 汸 汸 汸 浐 浐 游 游						
游	游	游	游	游	游		

yǒng	丶 冫 氵 氵 汈 汈 汾 泳						
泳	泳	泳	泳	泳	泳		

dǎ	一 亅 扌 扌 打						
打	打	打	打	打	打		

wǎng	丨 冂 冂 冈 冈 网						
网	网	网	网	网	网		

qiú	一 二 千 王 玎 玎 玎 玎 球 球 球						
球	球	球	球	球	球		

yǔ	𠃌 ㇆ 习 习㇆ 羽 羽						
羽	羽	羽	羽	羽	羽		

shū	一 十 艹 艹 芓 芓 芓 芓 芓 䒽 䒽 䒽 蔬 蔬 蔬						
蔬	蔬	蔬	蔬	蔬	蔬		

cài	一 十 艹 艹 艹 芯 芯 芯 苹 菜 菜						
菜	菜	菜	菜	菜	菜		

shuǐ	亅 才 水 水						
水	水	水	水	水	水		

guǒ	丨 冂 日 日 旦 甲 果 果						
果	果	果	果	果	果		

第九课 你喜欢做什么?

발음

1. iou, uei, uen와 성모의 결합

"iou, uei, uen"와 성모 결합 시, 운모 중의 "o, e"가 탈락하고 "iu, ui, un"으로 적는다.

声母 / 韵母	d	t	n	l	g	k	h	j	q	x
iou	diu		niu	liu				jiu	qiu	xiu
uei	dui	tui			gui	kui	hui			
uen	dun	tun		lun	gun	kun	hun			

2. 발음연습

(1) 어휘 읽기

liú lì　jiǔ shí　qiú pāi　xiū xi　dà tuǐ　guī lǜ

huì yì　lún lǐ　kūn lún　hún dàn　jūn rén　qún zhòng

(2) 그림 보고 발음하기

라켓
球 拍
qiú pāi
허벅지
大 腿
dà tuǐ
소
牛
niú
술
酒
jiǔ
90
졸리다
困
kùn
구십
九 十
jiǔ shí
방망이
棍 子
gùn zi
휴식하다
休 息
xiū xi

회화 会话

❶ A. 今 天 几 月 几 号?
jīn tiān jǐ yuè jǐ hào?

B. 今 天 9 月 18 号。
jīn tiān jǐu yuè shí bā hào.

A. 今 天 星 期 几?
jīn tiān xīng qī jǐ?

B. 今 天 星 期 四。
jīn tiān xīng qī sì.

A. 你 今 天 休 息 吗?
nǐ jīn tiān xiū xi ma?

B. 不, 我 今 天 不 休 息。
bù, wǒ jīn tiān bù xiū xi.

A. 你 哪 一 天 休 息。
nǐ nǎ yì tiān xiū xi.

B. 我 二 十 二 号 休 息。
wǒ èr shí èr hào xiū xi.

❷ A. 今 天 星 期 几?
jīn tiān xīng qī jǐ?

B. 今 天 星 期 天。
jīn tiān xīng qī tiān.

A. 你 们 星 期 天 不 休 息 啊?
nǐ men xīng qī tiān bù xiū xi a?

B. 我 们 每 个 星 期 二 休 息。
wǒ men měi gè xīng qī èr xiū xi.

A. 你 休 息 天 常 常 做 什 么?
nǐ xiū xi tiān cháng cháng zuò shén me?

B. 我 休 息 天 常 常 去 喝 酒。你 呢?
wǒ xiū xi tiān cháng cháng qù hē jiǔo. nǐ ne?

A. 我 休 息 天 常 常 出 去 看 电 影。
wǒ xiū xi tiān cháng cháng chū qù kàn diàn yǐng.

B. 你 一 般 去 哪 个 电 影 院?
nǐ yì bān qù nǎ gè Diàn yǐng yuàn?

A. 我 一 般 去 大 学 村 电 影 院。
wǒ yì bān qù Dà xué cūn Diàn yǐng yuàn.

새 단어 生词

今天	(名)	jīntiān	오늘
几	(代)	jǐ	몇
月	(名)	yuè	월
号	(名)	hào	일
星期	(名)	xīngqī	요일
喜欢	(助动)	xǐhuan	좋아하다
休息	(动)	xiūxi	쉬다, 휴식하다
打	(动)	dǎ	(공을) 치다
网球	(名)	wǎngqiú	테니스
每	(代名)	měi	매, 각, …마다(모두)
常常	(副)	chángcháng	늘, 항상, 수시로, 언제나, 자주, 흔히, 종종
喝	(动)	hē	마시다

电影	(名)	diànyǐng	영화
一般	(形)	yìbān	보통이다, 일반적이다
村	(名)	cūn	마을, 동네, 촌락, 시골
大学	(名)	Dàxué	대학
大腿	(名)	dàtuǐ	다리
球拍	(名)	qiúpāi	(탁구 · 배드민턴 · 테니스 운동의) 라켓
酒	(名)	jiǔ	술
困	(自动)	kùn	졸리다
棍子	(名)	gùnzi	방망이
牛	(名)	niú	소

어법설명 및 표현 语法说明及表达

1. 숫자 표시법(数字表示法)

중국어의 1부터 10까지의 수는 아래와 같이 적고, 손으로 아래 표와 같이 표현할 수 있다.

中国语1到10的数字大写表示法如下。手势法如下图。

一	二	三	四	五
yī	èr	sān	sì	wǔ
	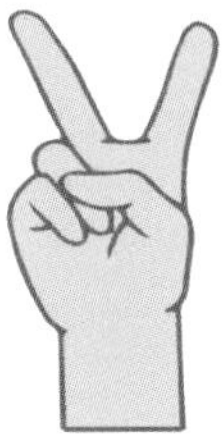	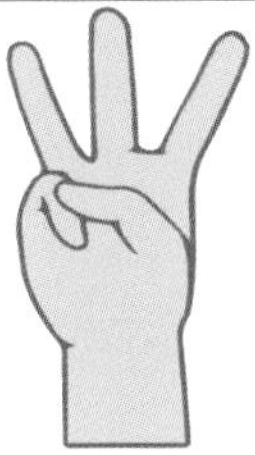	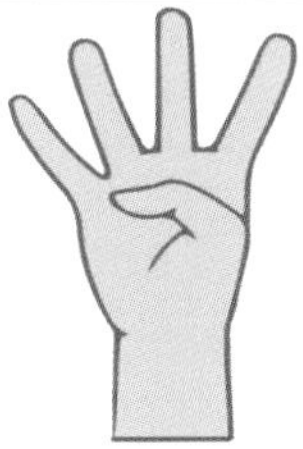	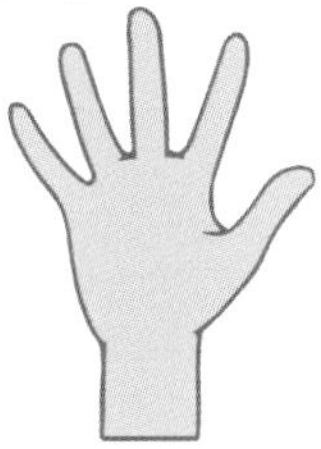

六	七	八	九	十
liù	qī	bā	jiǔ	shí
		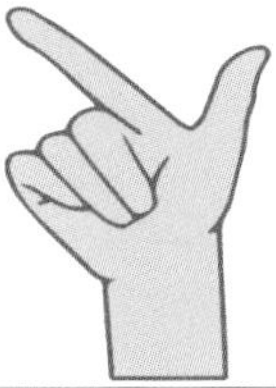	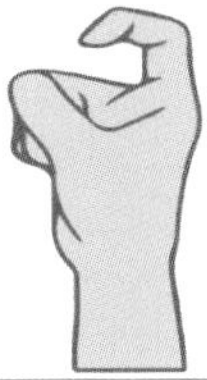	

2. 월, 일, 요일의 표시법(月, 号, 星期的表示法)

월	일	요일
月	号(日)	星期
yuè	hào(rì)	xīngqī

(1) 월(月)

중국어에서 월을 나타낼 때 구어체든 문어체든 모두 "月"로 표기하고 "月" 앞에 몇 월에 해당하는 숫자를 적는다.

在中国语中，表示月份的时候，口语和书面语都用"月"，"月"前加月份数。

一月	二月	三月	四月	五月	六月
yīyuè	èryuè	sānyuè	sìyuè	wǔyuè	liùyuè
七月	八月	九月	十月	十一月	十二月
qīyuè	bāyuè	jiǔyuè	shíyuè	shíyīyuè	shíèryuè

(2) 일(号)

"号"는 날짜 표기법으로 구어체는 보통 "号"을 사용하고, 문어체는 보통 "日"를 사용한다.

"号"是日期的表示法，口语主要用"号"，书面语主要用"日"来表示。

一号	二号	三号	十号	十一号
yīhào	èrhào	sānhào	shíhào	shíyīhào
十二号	二十号	二十一号	三十号	三十一号
shíèrhào	èrshíhào	èrshíyīhào	sānshíhào	sānshíyīhào

(3) 요일(星期)

"星期"는 요일의 표기법으로 숫자 1부터 6을 "星期" 뒤에 붙여 써서 월요일부터 토요일까지 나타내고 일요일은 숫자 대신 "天", "日"를 사용하여 나타낸다. 또한 요일을 "礼拜"로도 표기할 수도 있다.

"星期"是一周的表示法，数字写在星期后。星期天(日)用"天"，"日"代替数字。星期也可用"礼拜"表示。

월요일	화요일	수요일	목요일	금요일	토요일	일요일
星期一	星期二	星期三	星期四	星期五	星期六	星期天(日)
xīngqīyī	xīngqīèr	xīngqīsān	xīngqīsì	xīngqīwǔ	xīngqīliù	xīngqītiān(rì)
礼拜一	礼拜二	礼拜三	礼拜四	礼拜五	礼拜六	礼拜天
lǐbàiyī	lǐbàièr	lǐbàisān	lǐbàisì	lǐbàiwǔ	lǐbàiliù	lǐbàitiān

연습문제 练习题

1. 다음 성모와 운모가 결합할 때의 정확한 음절을 적어 보세요.

写出下面声母与韵母结合时的准确音节。

d+iou → g+uei → h+uen →

l+iou → t+uei → k+uen →

2. 다음 음절을 결합 전의 음소로 전환해 보세요.

写出下面音节结合前的音素。

niú → jiǔ → kùn →

jiǔshí → xiūxi → dàtuǐ →

3. 다음 어휘들의 발음을 적어 보세요.

写出下面词汇的发音。

月 ________ 星期 ________

号 ____________ 喜欢 ____________

几 ____________ 休息 ____________

4. 다음 어휘들의 뜻을 적어 봅시다.

写出下面词汇的韩意。

今天 ____________ 常常 ____________

网球 ____________ 电影 ____________

大学 ____________ 大腿 ____________

球拍 ____________ 棍子 ____________

5. 다음 말들을 따라 적고 뜻을 적어 보세요.

抄写下列短句并写出它的意义。

几月 ________, ________ 几号 ________, ________

打网球 ________, ________ 看电影 ________, ________

喝酒 ____________, ____________ 去电影院 ____________, ____________

不休息 ____________, ____________ 休息天 ____________, ____________

6. 다음 그림과 맞는 어휘를 연결하고 발음해 봅시다.

连接与下列图相符的词汇，并发音。

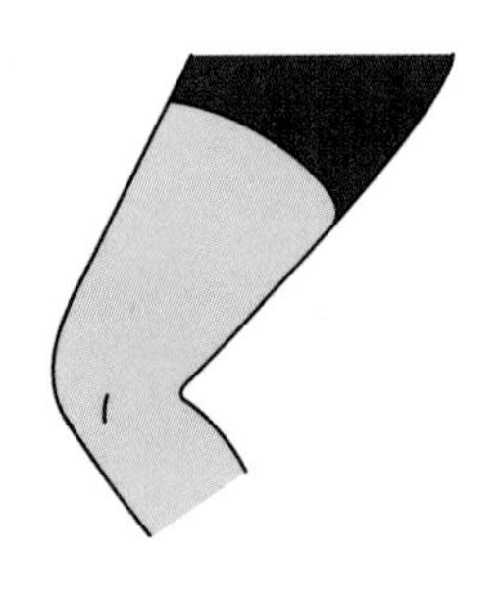

网 球
wǎng qiú

大 腿
dà tuǐ

休 息
xiū xi

喝 酒
hē jiǔ

棍 子
gùn zi

球 拍
qiú pāi

7. 다음 물음에 답해 봅시다.

回答下列句子。

(1) A. 今 天 几 月 几 号?
jīn tiān jǐ yuè jǐ hào?

B. ____________________

(2) A. 今 天 星 期 几?
jīn tiān xīng qī jǐ?

B. ____________________

(3) A. 你 今 天 休 息 吗?
nǐ jīn tiān xiū xi ma?

B. ____________________

(4) A. 你 哪 一 天 休 息。
nǐ nǎ yì tiān xiū xi.

B. ____________________

(5) A. 你 休 息 天 常 常 做 什 么?
nǐ xiū xi tiān cháng cháng zuò shén me?

B. ____________________

8. 다음 한자 필순을 모방하여 빈칸을 채워 넣으세요.

模仿练写下列汉字。

xǐ	一 十 士 吉 吉 吉 吉 壴 壴 喜 喜					
喜	喜	喜	喜	喜	喜		

huān	乛 又 又 欢 欢 欢					
欢	欢	欢	欢	欢	欢		

xī	丨 冂 口 叮 叧 吸 吸					
吸	吸	吸	吸	吸	吸		

yān	丿 人 火 火 灯 灯 炬 炬 烟 烟					
烟	烟	烟	烟	烟	烟		

wǎng	丨 冂 冂 冈 冈 网						
网	网	网	网	网	网		

yīn	丶 亠 亠 立 立 产 音 音 音						
音	音	音	音	音	音		

yuè	一 ㄏ 匚 乐 乐 乐						
乐	乐	乐	乐	乐	乐		

wài	丿 ク 夕 外 外						
外	外	外	外	外	外		

biān	㇇ 力 力 边						
边	边	边	边	边	边		

hē	丨 口 口 叮 叩 呾 喝 喝 喝						
喝	喝	喝	喝	喝	喝		

jiǔ	丶 冫 氵 汀 沂 沂 洒 洒 酒 酒						
酒	酒	酒	酒	酒	酒		

xiū	丿 亻 仁 什 休 休						
休	休	休	休	休	休		

xī	丿 丨 白 自 自 自 息 息 息						
息	息	息	息	息	息		

cháng	丨 丷 尚 常 常 常 常						
常	常	常	常	常	常		

diàn	丨 冂 日 日 电						
电	电	电	电	电	电		

yǐng	丨 冂 日 日 旦 早 早 昌 昌 景 景 景 影 影 影						
影	影	影	影	影	影		

yuàn	丨 阝 阝 阝 阝 阝 院 院 院 院						
院	院	院	院	院	院		

cūn	一 十 木 木 木 村 村						
村	村	村	村	村	村		

第十课 在超市

발음

1. j, q, x, z, c, s, zh, ch, sh, r와 i의 결합

声母 / 韵母	j	q	x	z	c	s	zh	ch	sh	r
i	ji	qi	xi	zi	ci	si	zhi	chi	shi	ri

"j, q, x, z, c, s, zh, ch, sh, r"는 "i"와 결합할 때 앞쪽의 음만 발음하고 "i"는 발음하지 않는다.

2. j, q, x와 ü의 결합

声母 / 韵母	j	q	x
ü	ju	qu	xu

"j, q, x"는 "u"와 결합할 수 없다. "j, q, x"와 "ü" 결합 시 "ü"위의 두 점을 생략하여 "u"로 쓰고 발음은 "ü"로 한다.

3. 발음연습

(1) 어휘 읽기

jīqì	xǐhuān	chīfàn	sìshí	rìlì	júzi	zìjǐ
xíguàn	jūnrén	chīfàn	dìqū	jìxù	xūyào	qìchē

(2) 그림 보고 발음하기

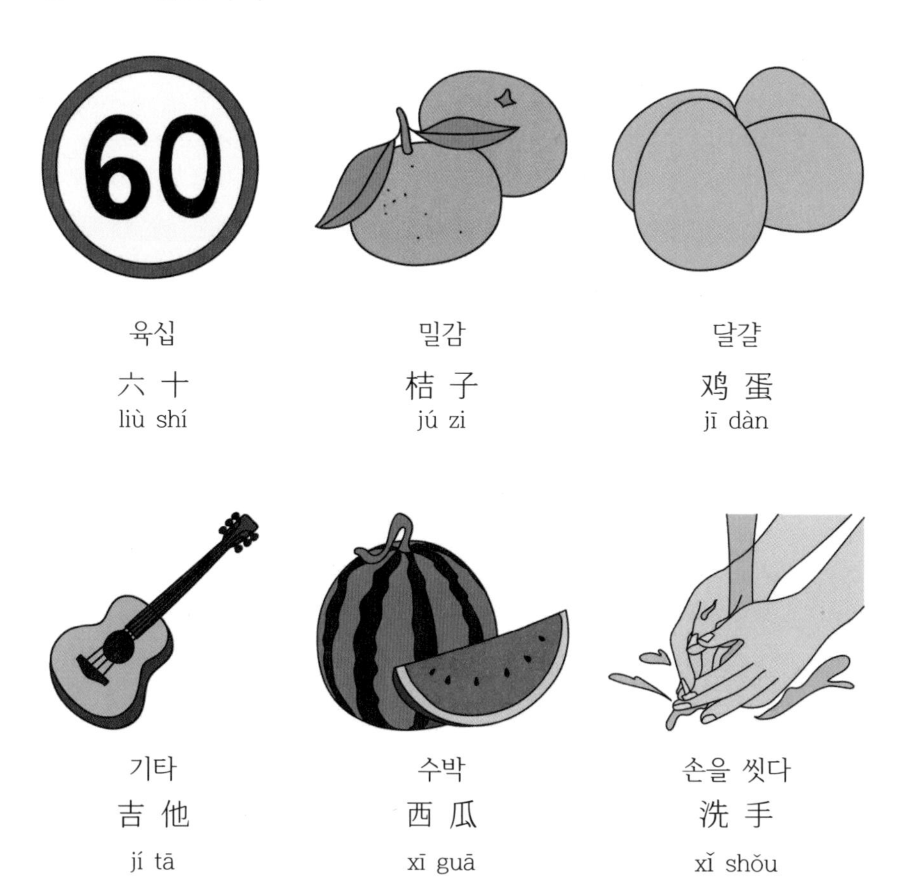

육십
六 十
liù shí

밀감
桔 子
jú zi

달걀
鸡 蛋
jī dàn

기타
吉 他
jí tā

수박
西 瓜
xī guā

손을 씻다
洗 手
xǐ shǒu

회화 会话

❶ A. 今 年 的 暑 假 真 热 啊!
jīn nián de shǔ jià zhēn rè a!

B. 是 啊, 你 这 个 暑 假 做 什 么 了?
shì a, nǐ zhè ge shǔ jià zuò shén me le?

A. 我 学 开 车, 你 呢?
wǒ xué kāi chē, nǐ ne?

B. 我 学 弹 吉 他。
wǒ xué tán jí tā.

A. 学 了 多 长 时 间?
xué le duō zhǎng shí jiān?

B. 才 学 了 两 个 月。
cái xué le liǎng gè yuè.

A. 可 以 弹 首 歌 吗?
kě yǐ tán shǒu gē ma?

B. 现 在 还 没 那 个 水 平。
xiàn zài hái méi nà gè shuǐ píng.

❷ A. 今 年 暑 假, 你 有 什 么 计 划 吗?
jīn nián shǔ jià, nǐ yǒu shén me jì huà ma?

B. 天 气 太 热, 天 天 呆 在 家 里。
tiān qì tài rè, tiān tiān dā zài Jiā lǐ.

A. 在 家 里 做 什 么 啊?
zài Jiā lǐ zuò shén me a?

B. 一 会 儿 看 电 视, 一 会 儿 吃 西 瓜。
yí huìr kàn diàn shì, yí huìr chī xī guā.

A. 你 那 么 喜 欢 吃 西 瓜 啊?
nǐ nà me xǐ huan chī xī guā a?

B. 我 也 喜 欢 吃 桔 子 和 葡 萄。
wǒ yě xǐ huan chī jú zi hé pú táo.

你 喜 欢 吃 什 么 水 果?
nǐ xǐ huan chī shén me shuǐ guǒ?

A. 我 喜 欢 吃 苹 果 和 梨。
wǒ xǐ huan chī píng guǒ hé lí.

새 단어 生词

今年	(名)	jīnnián	금년
暑假	(名)	shǔjià	여름방학
热	(形)	rè	덥다, 뜨겁다
开	(动)	kāi	차를 몰다, 운전하다
车	(名)	chē	차, 수레
学	(动)	xué	배우다, 학습하다
弹	(动)	tán	튀기다, (손가락을) 튕기다
吉他	(名)	jítā	기타(악기)
多长时间	(副)	duōchángshíjiān	얼마 만에, 얼마 동안, 얼마나
才	(副)	cái	1. ~서야 비로소 2. 겨우, ~에서야
首	(数)	shǒu	(노래를 세는 양사) 수
歌	(名)	gē	노래

还	(副)	hái	아직, 아직도, 여전히(동작이나 상태가 지속됨을 나타냄)
水平	(名)	shuǐpíng	수준
计划	(名)	jìhuà	계획
天气	(名)	tiānqì	날씨
太	(副)	tài	지나치게, 몹시, 너무
热	(形)	rè	뜨겁다, 덥다
天天	(名)	tiāntiān	매일, 날마다
呆	(动)	dāi	머물다
一会儿	(名)	yíhuìr	잠깐 동안, 짧은 시간
吃	(动)	chī	먹다
西瓜	(名)	xīguā	수박
那么	(代名)	nà·me	그렇게, 저렇게, 그런, 저런
桔子	(名)	júzi	귤
葡萄	(名)	pútáo	포도

水果	(名)	shuǐguǒ	과일
苹果	(名)	píngguǒ	사과
梨	(名)	lí	배

어법설명 및 표현 语法说明及表达

1. 多长时间

형용사 "多"는 형용사 앞에 붙이면 의문을 나타내는 부사로 '얼마~'라는 뜻으로 사용된다.

形容词"多"用在形容词前就成为表疑问的副词，是'얼마~'的意思。

- 多长 → (얼마(나) 긴)
- 多大 → (얼마(나) 큰)
- 多美 → (얼마(나) 아름다운)
- 多远 → (얼마(나) 먼)

"多长"은 또한 "时间"과 합하여 "多长时间"으로 하나의 고정형태로 '얼마 만에, 얼마 동안'의 뜻을 나타낸다.

"多长"又和"时间"相合形成"多长时间"的固定形式，是'얼마 만에, 얼마 동안'的意思。

- 你 学 中 文 学 了 多 长 时 间 了? (넌 중국어를 얼마 동안 배웠니?)
  nǐ xué zhōng wén xué le duō cháng shí jiān le?
- 你 来 韩 国 多 长 时 间 了? (넌 한국에 온 지 얼마나 됐니?)
  nǐ lái hán guó duō cháng shí jiān le?

- 我 要 等 你 多 长 时 间? (난 널 얼마 동안 기다려야 되니?)
  wǒ yào děng nǐ duō cháng shí jiān?

2. 才

'才'는 '刚'와 비교되는 부사로 보통 동작의 발생이 늦거나, 느리거나, 순조롭지 않음을 표시한다. '刚'은 반대로 동작의 발생이 이르고, 빠르며, 순조로움을 나타낸다.

'才'是与'刚'相对的副词。通常表示动作发生的晚， 慢或不顺利。相反'刚'表示动作发生的早，快或顺利。

- 才 学 了 两 个 月。(겨우 두 달 배웠다.)
  cái xué le liǎng gè yuè.

- 他 十 点 钟 才 吃 早 饭。
  tā shí diǎn zhōng cái chī zǎo fàn.
  (그는 열시가 되어서야 겨우 아침을 먹었었다.)

- 他 六 点 钟 就 吃 早 饭 了。
  tā liù diǎn zhōng jiù chī zǎo fàn le.
  (그는 여섯시에 벌써 아침을 먹었었다.)

3. 一会儿

부사 “一会儿”은 “잠시, 잠깐 동안, 곧, 잠깐 사이에”란 뜻인데 “一会儿… 一会儿”로 연결되면 두 상황이 교체하며 출현되는 것을 나타낸다.

副词“一会儿”是 “잠시, 잠깐 동안, 곧, 잠깐 사이에”的意思, “一会儿… 一会儿”连接, 表示两种状况交替出现。

- 请你等一会儿! (잠깐 기다려 주세요!)
  qǐng nǐ děng yī huìr!

- 过一会儿就会好的。(좀 지나면 나아질 겁니다.)
  guò yī huìr jiù huì hǎo de.

- 今天外边儿一会儿下雨, 一会儿下雪。
  jīn tiān wài biānr yī huìr xià yǔ, yī biānr xià xuě.
  (오늘 밖에 잠시 비가 내리다가 또 눈이 내리다가 하네요.)

- 他一 会 儿 看 电 视, 一 会 儿 吃 西 瓜。
  yí huìr kàn diàn shì, yí huìr chī xī guā.
  (그는 잠시 텔레비전 좀 보다가 수박도 먹었다가 합니다.)

연습문제 练习题

1. 다음 성모와 운모가 결합할 때의 정확한 음절을 적고 읽어 보세요.

j + i → x + i → r + i → c + i →

zh + i → q + ü → x + ü → j + ü →

2. 다음 음절을 결합 전의 음소로 전환해 보세요.

qì → chī → ju → shí →

xù → zǐ → xūyào → jūnrén →

qiúpāi → chūnjié → wèilái → yǒuqíng →

3. 다음 어휘들의 발음과 뜻을 적어 보세요.

写出下面词汇的发音和韩意。

- 今年 ____________, ____________ 暑假 ____________, ____________
- 天气 ____________, ____________ 天天 ____________, ____________
- 呆 ____________, ____________ 吉他 ____________, ____________
- 弹 ____________, ____________ 学 ____________, ____________

4. 다음 어휘들의 뜻을 적어 봅시다.

写出下面词汇的意义。

- 桔子 ________________ 西瓜 ________________
- 水果 ________________ 葡萄 ________________
- 苹果 ________________ 梨 ________________

5. 다음 말들을 따라 적고 뜻을 적어 보세요.

抄写下列短句并写出它的意义

- 今年买 __________, __________ 天天学 __________, __________
- 有水平 __________, __________ 定计划 __________, __________
- 喝酒 __________, __________ 吃水果 __________, __________
- 弹吉他 __________, __________ 唱歌 __________, __________

6. 다음 그림과 맞는 어휘를 연결하고 발음해 봅시다.

连接与下列图相符的词汇，并发音。

7. 다음 물음에 답해봅시다.

回答下列句子。

(1) A. 这 个 暑 假, 你 做 什 么 了?
zhè ge shǔ jià, nǐ zuò shén me le?

B. ____

(2) A. 学 开 车 学 了 多 长 时 间?
xué kāi chē xué le duō chǎng shí jiān?

B. ____

(3) A. 你 喜 欢 吃 什 么 水 果?
nǐ xǐ huan chī shén me shuǐ guǒ?

B. ____

(4) A. 今 年 暑 假, 你 有 什 么 计 划 吗?
jīn nián shǔ jià, nǐ yǒu shén me jì huà ma?

B. ____

(5) A. 你 休 息 天 在 家 里 做 什 么 啊?
nǐ xiū xi tiān zài Jiā lǐ zuò shén me a?

B. ____

8. 다음 한자 필순을 모방하여 빈칸을 채워 넣으세요.

模仿练写下列汉字。

jīn	丿 人 亼 今						
今	今	今	今	今	今		

nián	丿 𠂉 𠂉 𠂉 𠂉 年						
年	年	年	年	年	年		

shǔ	丨 冂 冂 罒 罒 罒 罒 罜 罜 罜 署 署 署						
署	署	署	署	署	署		

jià	丿 亻 亻 㑨 伊 假 假 假 假 假 假						
假	假	假	假	假	假		

rè	一 二 扌 扌 执 执 执 热 热 热						
热	热	热	热	热	热		

kāi	一 二 亓 开						
开	开	开	开	开	开		

chē	一 ナ 车 车 车						
车	车	车	车	车	车		

xué	丶 丷 ⺍ ⺍ 学 学 学 学						
学	学	学	学	学	学		

tán	乛 コ 弓 弓 弓 弓 弹 弹 弹 弹						
弹	弹	弹	弹	弹	弹		

shí	丨 ⺆ ⺆ 日 旪 时 时						
时	时	时	时	时	时		

jiān	丨 ⺊ 门 门 问 间 间						
间	间	间	间	间	间		

shǒu	丷 丷 䒑 䒑 产 肖 首 首 首						
首	首	首	首	首	首		

gē	一 丁 丌 可 可 哥 哥 哥 哥 哥 哥 歌 歌 歌						
歌	歌	歌	歌	歌	歌		

jú	一 十 才 木 木 杧 杧 桔 桔 桔						
桔	桔	桔	桔	桔	桔		

píng	一 十 廾 艹 艹 芓 苹 苹
苹	苹 苹 苹 苹 苹

guǒ	丨 冂 日 日 旦 甲 果 果
果	果 果 果 果 果

pú	一 十 廾 艹 芀 芍 芍 苟 荀 荀 葡 葡
葡	葡 葡 葡 葡 葡

táo	一 十 廾 艹 芀 芍 芍 萄 萄 萄 萄
萄	萄 萄 萄 萄 萄

lí	一 二 千 禾 禾 利 利 梨 梨 梨
梨	梨 梨 梨 梨 梨

第十一课 你家有几口人?

발음

1. 경성(輕聲)

경성輕聲은 네 가지 성조 외의 다른 종류의 성조가 아니고 四聲 중의 특수한 음의 변화이다. 일정한 조건에서 짧고 가볍게 읽는 소리이다. 경성輕聲은 1성(一), 2성(/), 3성(∨), 4성(\)처럼 성조표시를 하지 않는다.

제1성 + 경성輕聲은 半調音으로 읽는다.

māma	gēge	yīsheng	fānyi
妈妈	哥哥	医生	翻译

제2성 + 경성輕聲은 中調음으로 읽는다.

shítou	táozi	yínde	pútao
石头	桃子	银的	葡萄

제3성 + 경성輕聲은 半高音으로 읽는다.

lǐtou	tǎngxia	lǐzi	tiěde
里头	躺下	李子	铁的

제4성 + 경성輕聲은 低音으로 읽는다.

mùtou	dìdi	dàifu	zuòxia
木头	弟弟	大夫	坐下

회화 会话

❶ A. 您 贵 姓?
nín guì xìng?

B. 我 姓 田, .您 贵 姓?
wǒ xìng tián nín guì xìng?

A. 我 姓 李, 你 叫 什 么 名 字?
wǒ xìng lǐ, nǐ jiào shén me míng zi?

B. 我 叫 田 方 方。
wǒ jìao tián fāng fang.

❷ A. 你 家 有 几 口 人?
nǐ jiā yǒu jǐ kǒu rén?

B. 我 家 有 六 口 人。
wǒ jiā yǒu lìu kǒu rén.

爸 爸, 妈 妈, 哥 哥, 弟 弟, 妹 妹 和 我。
bà ba, mā ma, gē ge, dì di, mèi mei hé wǒ.

A. 你 爸 爸 做 什 么 工 作?
nǐ bà ba zuò shén me gōng zuò?

B. 他 是 大 夫。
tā shì dài fu.

A. 你 妈 妈 呢?
nǐ mā ma ne?

B. 她 是 中 文 翻 译。
tā shì Zhōng wén fān yi.

❸ A. 你 家 有 几 口 人?
nǐ jiā yǒu jǐ kǒu rén?

B. 我 家 有 五 口 人。
wǒ jiā yǒu wǔ kǒu rén.

爸 爸, 妈 妈, 姐 姐, 弟 弟 和 我。
bà ba, mā ma, jiě jie, dì di hé wǒ.

A. 你 姐 姐 多 大 了?
nǐ jiě jie duō dà le?

B. 她 今 年 2 0 岁, 她 是 大 学 生。
tā jīn nián èr shí suì, tā shì dà xué shēng.

A. 你 弟 弟 今 年 多 大 了?
nǐ dì di jīn nián duō dà le?

B. 他 今 年 十 岁, 他 是 小 学 生。
tā jīn nián shí suì, tā shì xiǎo xué shēng.

A. 那 么, 你 呢?
nà me, nǐ ne?

B. 我 今 年 十 五 岁, 我 是 中 学 生。
wǒ jīn nián shí wǔ suì, wǒ shì zhōng xué shēng.

새 단어 生词

贵	(形)	guì	귀하다
姓	(名)	xìng	성
田	(名)	tián	(성씨)전
李	(名)	lǐ	(성씨)이
叫	(动)	jìao	부르다
名字	(名)	míngzi	이름
口	(量)	kǒu	식구
方方	(名)	fāngfang	인명
人	(名)	rén	사람
岁	(量)	sùi	~세
今年	(名)	jīnnián	올해
多大	(名)	duōdà	(나이가) 얼마인가
大学生	(名)	dàxuésheng	대학생
小学生	(名)	xiǎoxuéshēng	초등학생

中学生	(名)	zhōngxuéshēng	중·고등학생
工作	(名动)	gōngzuò	일, 일하다, 근무하다
大夫	(名)	dàifū	의사
中文	(名)	Zhōngwén	중국어
翻译	(名/动)	fānyì	통역사, 번역하다

어법설명 및 표현 语法说明及表达

1. 您贵姓

상대방과 처음 만났을 때 겸손하게 성씨를 물어보는 표현으로, "你姓什么"(성은 뭡니까?)와 같은 뜻이다. 대답할 때 "我姓~"(제 성은 ~입니다)와 같이 자신의 성만 대답하거나 "我姓~, 叫~"(성은 ~이고, ~라 부릅니다)와 같이 성과 이름을 같이 대답할 수 있다. 더욱 겸손한 표현으로 '저는 ~입니다'란 의미의 "免贵姓~" 혹은 "敝姓~"으로 말할 수도 있다.

和对方初次见面时，问对方姓什么的一种客气的说法。跟"你姓什么?"的意思相同。回答时，可以只说自己的姓，"我姓~"也可以说，"我姓~，叫~"。更有礼貌的回答是"免贵姓~"或"敝姓~"。

- 您 贵 姓?→ 我 姓 吴。(나는 오씨다.)
  Nín guì xìng?→ Wǒ xìng Wú.

- 您 贵 姓?→ 我 姓 吴，叫 吴 雨。(나는 오씨고 오우라고 부른다.)
  Nín guì xìng?→ Wǒ xìng Wú, jiào Wú Yǔ.

- 您 贵 姓?→ 免 贵 姓 吴。(나는 오가이다.)
  Nín guì xìng?→ Miǎn guì xìng Wú.

- 您 贵 姓?→ 敝 姓 吴。(나는 오가이다.)
  Nín guì xìng?→Bì xìng Wú.

- 您 贵 姓?→ 免 贵 姓 吴，叫 吴 雨。(나는 오가이고 오우라고 부른다.)
  Nín guì xìng?→ Miǎn guì xìng Wú, jiào Wú Yǔ.

2. 叫

자신을 남에게 소개하여 '나의 이름은 ~라고 합니다'라고 할 때 동사 "叫"를 사용한다. 이름을 이야기하는 경우 외에 '(누군가를) 부르다'의 의미로도 사용한다.

把自己介绍給对方时说"我叫~~"时使用。动词 "叫"也可在呼叫别人时使用。

- 你 叫 什 么 名 字? (당신의 이름은 무엇입니까?)
  nǐ jìao shén me míng zi?
- 我 叫 田 方 方。(나는 텐팡팡이라 부릅니다.)
  wǒ jìao tián fāng fang.
- 老师叫你。(선생님이 널 불러)
  lǎo shī jìao nǐ.

3. 岁

나이를 말할 때 양사로 숫자 뒤에 붙여 '몇 살이다'라고 표현할 때 사용된다. 두 자리 수의 나이를 말할 때 "岁"를 생략해도 된다.

问年龄的量词, "岁"放在数词后, 表示几岁。说两位数以上的时候, 可以省略 "岁"。

• 你 几 岁? (너 몇 살이니?)
nǐ jǐ sùi?

• 我 8 岁 了。(나는 여덟 살이다.)
wǒ bā sùi le.

• 他 23 了。(그는 23살이다.)
tā èr shí sān le.

4. 几

우리말의 '몇'으로, 주로 10 미만의 적은 수를 물을 때 사용하며 반드시 양사를 동반한다. 10 이상의 수를 물을 때는 '多少'를 사용한다. 단, 시간이나 날짜 등은 10 이상의 수도 '几'로 묻는다.

是韩国话的"몇"的意思。主要问10以下的数字， 并且一定要同时伴随量词。问10以下的数时用"多少"，但问时间或日期等10以上的数也可用"几"来问。

• 你 家 有 几 口 人? (당신의 식구는 몇 명입니까?)
nǐ jiā yǒu jǐ kǒu rén?

• 我 家 有 五 口 人。(우리집식구는 5명입니다.)
wǒ jiā yǒu lìu kǒu rén.

• 你 妹 妹 几 岁 了? (당신의 여동생은 몇 살입니까?)
nǐ mèi mei jǐ sùi le?

• 她 今 年 五 岁 了。(그녀는 올해 5살이다.)
tā jīn nián wǔ sùi le.

- 今 天 几 月 几 号? (오늘은 몇 월 며칠입니까?)
  jīn tiān jǐ yuè jǐ hào?
- 今 天 10 月 28 号。(오늘은 10월 28일입니다.)
  jīn tiān shí yuè èr shí bā hào.

5. 方方

중국인은 본래 성씨 외에 좋은 의미가 담긴 두 자 이름을 즐겨 지었는데 1980년대 젊은 부모 사이에는 '이름은 듣기 좋고 부르기 쉬우며 잘 기억되는' 이름이 좋은 이름이라 인식되면서 한 글자 이름이나 혹은 두 글자일지라도 같은 글자를 중복하는 이름을 짓는 사람이 많아졌다.

"方方"은 바로 이때 많이 불려지던 이름 중의 하나이다. 현재 중국에서는 외자 혹은 이런 이름으로 인하여 중복된 이름이 너무 많아 사회적인 문제가 되면서 음이 다른 두 글자 이름을 짓는 것을 권장하고 있다.

中国人一般除了姓以外取二字相异，意义美好的名字。但80年代以后，在年轻父母之间流行取"好听，好叫，好记"的名字。所以单字或二字重复的名字开始流行起来。"方方"是此时多被取叫的名字之一。但是，现在在中国，因重复的名字太多产生社会问题，提倡起二字不同的名字。

연습문제 练习题

1. 다음 문장들을 읽고 적어 봅시다.

读写下列发音。

① māmahégēge ______________________

② dàifuhéfānyi ______________________

③ lǐtouhéwài·tou ______________________

④ mùtouhéshítou ______________________

⑤ pútáohétáozi ______________________

2. 다음 어휘들을 읽고 발음을 쓰시오.

读下列汉字并写出它的发音。

① 爸爸 ____________ ② 妈妈 ____________

③ 哥哥 ____________ ④ 弟弟 ____________

⑤ 名字 ____________________ ⑥ 大夫 ____________________

⑦ 李子 ____________________ ⑧ 桔子 ____________________

3. 다음 말들을 따라 적어 보세요.

跟写下面短句。

- 叫什么 ____________________ 什么工作 ____________________
- 是大夫 ____________________ 是翻译 ____________________
- 大学生 ____________________ 小学生 ____________________
- 中学生 ____________________ 今年多大 ____________________

4. 다음 회화를 완성해 봅시다.

完成下面会话。

① A. 您贵姓?

B. ____

② A. 你家有几口人?

B. ____

③ A. ______________________________

B. 我叫田方方。

④ A. ______________________________

B. 我最喜欢吃桃子。

⑤ A. ______________________________

B. 我弟弟9岁了。

5. 다음 문장을 번역해 봅시다.

翻译下面句子。

① 我叫田方方。 ______________________________

② 我家有六口人。 ______________________________

③ 你今年几岁了? ______________________________

④ 你家有几口人? ______________________________

⑤ 他最喜欢吃桃子和柿子。 ______________________________

⑥ 他今年十五岁。 ______________________________

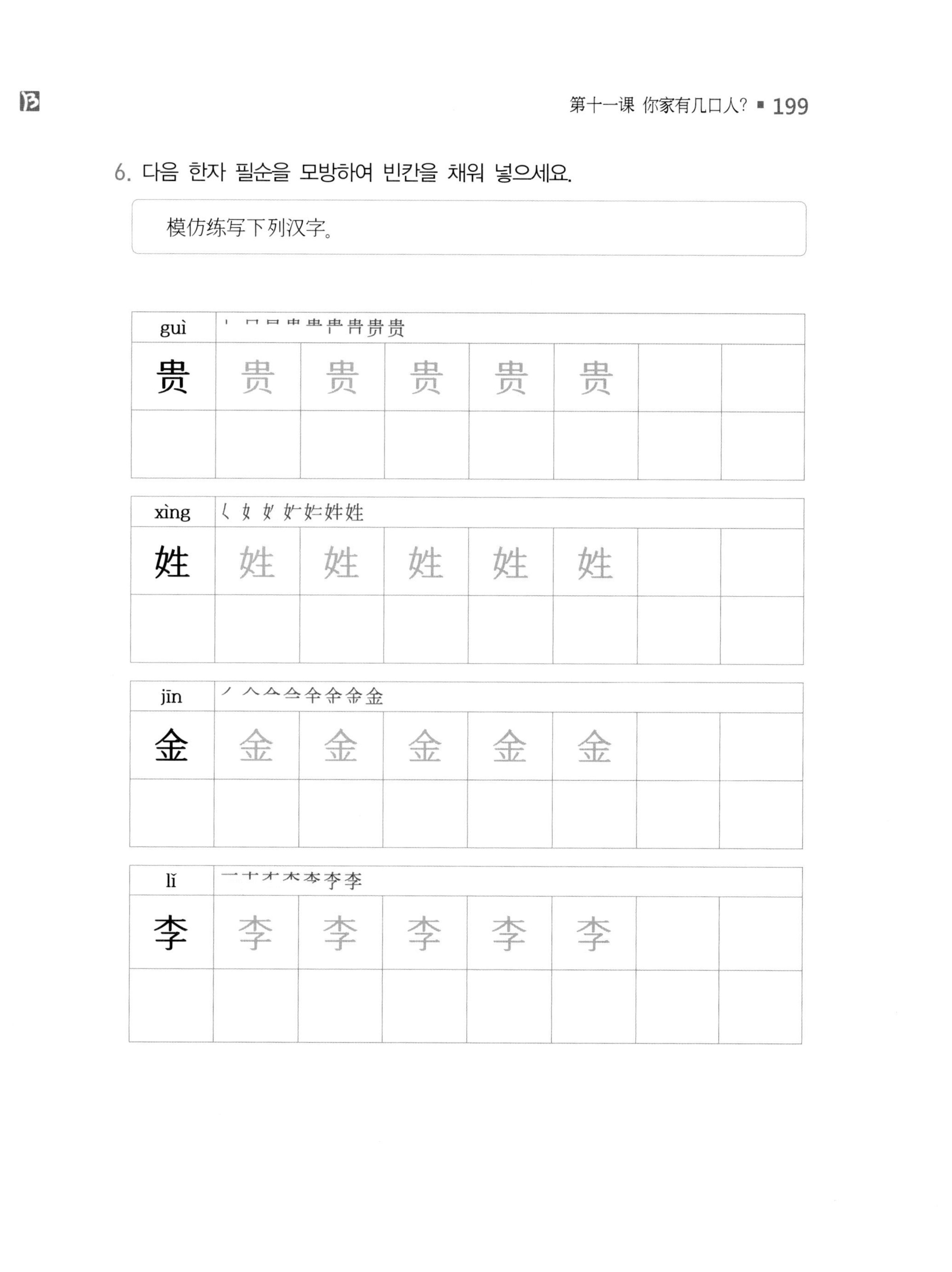

6. 다음 한자 필순을 모방하여 빈칸을 채워 넣으세요.

模仿练写下列汉字。

guì							
贵	贵	贵	贵	贵	贵		

xìng							
姓	姓	姓	姓	姓	姓		

jīn							
金	金	金	金	金	金		

lǐ							
李	李	李	李	李	李		

míng	丿 ク 夕 夕 名 名						
名	名	名	名	名	名		

zì	丶 丷 宀 宁 字 字						
字	字	字	字	字	字		

suì	丨 山 山 岁 岁 岁						
岁	岁	岁	岁	岁	岁		

zuì	丨 冂 日 日 旦 早 早 昰 昰 最 最						
最	最	最	最	最	最		

chī	丨 口 口 口 吖 吖 吃						
吃	吃	吃	吃	吃	吃		

zài	一 冂 冂 冃 冉 再					
再	再	再	再	再	再		

fāng	丶 亠 亠 方					
方	方	方	方	方	方		

duō	丿 ク 夕 夕 多 多					
多	多	多	多	多	多		

dà	一 ナ 大					
大	大	大	大	大	大		

xué	丶 丷 ⺍ ⺍ 𫝀 学 学 学					
学	学	学	学	学	学		

shēng	丿 𠂉 牛 生						
生	生	生	生	生	生		

xiǎo	亅 亅 小						
小	小	小	小	小	小		

zhōng	丨 冂 口 中						
中	中	中	中	中	中		

gōng	一 丅 工						
工	工	工	工	工	工		

zuò	丿 亻 亻 仁 作 作 作						
作	作	作	作	作	作		

fū	一 二 夫 夫						
夫	夫	夫	夫	夫	夫		

fān	一 二 千 乎 平 釆 釆 番 番 番 番 翻 翻 翻 翻 翻 翻						
翻	翻	翻	翻	翻	翻		

yì	丶 讠 讠 译 译 译 译 译						
译	译	译	译	译	译		

第十二课 你是哪位?

발음

1. 儿化音

한 음절의 끝에 儿(er)이 붙어 권설음捲舌音으로 변하는 특수한 음변音變현상이다. 이런 권설화捲舌化된 음절을 우리는 “儿化音”이라 한다. “儿化音”은 그 앞의 음절과 합쳐서 하나의 음절로 읽어야 하며 분리하여 읽지 않도록 주의하여야 한다.

小鸟儿 xiǎoniǎor	一块儿 yíkuar	有趣儿 yǒuqùr
瓜子儿 guāzǐr	电影儿 diànyǐngr	一会儿 yíhuir
画儿 huàr	唱片儿 chàngpiānr	

2. 儿化音의 작용

① 어휘의 의미를 구분한다.

头	tóu	〔명사〕	머리	眼	yǎn	〔명사〕	눈
头儿	tóur	〔명사〕	우두머리	眼儿	yǎnr	〔명사〕	구멍

② 품사를 구분한다.

花	huā	〔동사〕 (돈을) 쓰다	堆	duī	〔동사〕 쌓다
花儿	huār	〔명사〕 꽃	堆儿	duīr	〔양사〕 한 무더기

③ 가늘고 작은 것, 귀여운 것, 친절한 것을 나타낸다.

头发丝儿　　tóufasīr

小王儿　　xiǎowángr

小孩儿　　xiǎoháir

小鸟儿　　xiǎoniǎor

회화 会话

❶ A. 喂, 是 小 朴 儿 吗?
wèi, shì xiǎo Piáor ma?

B. 是, 你 是 哪 位?
shì nǐ shì nǎ wèi?

A. 我 是 小 刘 儿。
wǒ shì xiǎo liúr.

B. 今 天 没 有 什 么 有 趣 儿 的 事 吗?
jīn tiān méi yǒu shén me yǒu qùr de shì ma?

A. 我 们 一 块 儿 去 看 电 影 怎 么 样?
wǒ men yí kuàir qù kàn diàn yǐng zěn mè yàng?

B. 好 啊, 你 买 票, 我 买 瓜 子 儿 和 汽 水 儿。
hǎo a, ni mǎi piào, wǒ mǎi guā zir hé qì shuǐr.

A. 票 我 已 经 买 了。
piào wǒ yǐ jing mǎi le.

B. 太 好 了! 我 在 哪 儿 等 你?
tài hǎo le wǒ zài nǎr děng nǐ?

A. 你 在 学 校 门 口 儿 等 我。
nǐ zài xué xiào mén kǒur děng wǒ.

❷ A. 几 点 的 电 影?
jǐ diǎn de diàn yǐng?

B. 下 午 三 点 十 分 的 电 影。
xià wǔ sān diǎn shí fēn de diàn yǐng.

A. 那 么, 我 们 几 点 在 哪 儿 见?
nà me, wǒ men jǐ diǎn zài nǎr jiàn?

B. 你 在 学 校 门 口 儿 等 我。
nǐ zài xué xiào mén kǒur děng wǒ.

A. 我 们 坐 什 么 车 去 呢?
wǒ mén zùo shén me chē qù ne?

B. 我 们 开 车 去 吧。
wǒ mén kāi chē qù ba.

A. 哇! 你 买 车 了?
wā! nǐ mǎi chē le?

B. 不 是, 我 借 我 爸 爸 的 车。
bú shi, wǒ jiē wǒ bā ba de chē.

A. 好, 一 会 儿 见。
hǎo, yí huìr jiàn.

새 단어 生词

喂	(叹)	wèi	여보세요
位	(量)	wèi	분
刘	(名)	liú	(성씨)유
有趣儿	(形)	yǒuqùr	재미있다
一块儿	(副)	yíkuàir	함께
瓜子儿	(名)	guāzir	해바라기씨
汽水儿	(名)	qìshuǐr	사이다
下午	(名)	xiàwǔ	오후
已经	(副)	yǐjing	이미
等	(动)	děng	기다리다
学校	(名)	xuéxiào	학교
门口儿	(名)	ménkǒur	입구
点	(名)	diǎn	시

电影	(名)	diànyǐng	영화
那么	(接)	nàme	그러면, 그렇다면, 그런고로
见	(动)	jiàn	마주치다, 만나다, 접견하다
坐	(动)	zuò	(탈 것에) 타다, 앉다
哇	(叹)	wà	아! 와! 어머!
买	(动)	mǎi	사다, 구입하다
车	(名)	chē	차, 수레
开	(动)	kāi	운전하다
借	(动)	jiè	빌리다
一会儿	(名)	yíhuìr	잠시

어법설명 및 표현 语法说明及表达

1. 喂

'여보세요'하는 뜻으로 보통 전화를 걸거나 받을 때 많이 사용되는 말이다. 본래 음은 4성인데 사람들의 언어습관에 따라 2성으로 쓰기도 한다. 2성으로 사용될 때는 사람들에게 부드러운 느낌을 준다. 길에서 사람을 "어이, 야"하고 부를 때도 사용된다.

"喂"是'여보세요'的意思。一般用于接打电话时。原来的发音是四声。但根据人的语音习惯的不同，可用于二声。用做二声时，口语比较柔和。在路上叫人"어이, 야"的时候也可使用。

- 喂，是 小 王 吗? (여보세요, 샤오왕입니까?)
  wèi, shì xiǎo wáng ma?

- 喂，你 找 谁 阿? (여보세요, 누구를 찾으시죠?)
  wei nǐ zhǎo shuí a?

- 喂，你 的 东 西 掉 了! (저기, 물건이 떨어졌어요!)
  wèi, nǐ de dōng xì diào le!

2. 小王

중국에서는 일상 대화 중에 평소 알고 지내는 사람들의 성씨 앞에 "小", "大", "老"를 붙여 간단하게 사람을 호칭하는데 본인보다 나이가 많은 사람한테는 "大"

나 "老"를, 본인보다 나이가 비슷하거나 적을 때는 "小"를 붙여 사용한다. 이런 호칭은 간단하면서도 친밀감을 나타낸다.

中国在日常对话中，对自己平时比较熟悉的人的姓之前，加"小""大""老"简单称呼对方。比自己年龄大的人加上"大"或"老"，跟自己的年龄相似或比自己小时加"小"。这种称呼方法，即简单又有亲切感。

- 小 刘，你 去 哪 儿？(샤오류, 어디가니?)
  xiǎo liú, nǐ qù nǎr?

- 老 李 和 小 李 都 在 我 家 呢。(라오리와 샤오리는 모두 우리 집에 있다.)
  lǎo lǐ hé xiǎo lǐ dōu zài wǒ men jiā ne.

3 怎么样

의문대명사로 방식, 성질, 상황, 상태 등에 관하여 물으며 "怎样"과 같이 쓴다.
"怎么样"是疑问代词，问方式，状态，性质等时使用。和"怎样"意义相同。

- 今 天 天 气 怎 么 样？(怎样) (오늘의 날씨는 어떻습니까?)
  jīn tiān tiān qì zěn mè yàng?

- 我 们 一 块 儿 去 看 电 影 怎 么 样？(怎样)
  wǒ mén yí kuàir qù kàn diàn yǐngr zěn mè yàng?
  (우리 오늘 함께 영화 보러 가는 것이 어때요?)

4. 시간표기법

중국어로 시간을 나타내는 '시, 분, 초'는 우리말과 같이 수사 뒤에 각각 "点, 分, 秒"를 붙여 말한다. '2시'는 "两点"으로 ("*二点"이라고 말하지 않는 것에 주의하자.) '2분'의 경우 "二分"을 주로 사용하고 "两分"으로도 나타낼 수 있다. '분'을 표현할 때 10 이하일 경우 보통 수사 앞에 "零"을 붙여 읽는다. 15분을 나타내는 단위로 "刻"를 써서 15분은 "一刻"로, 45분은 "三刻"로 표현하기도 한다. 또한 '부족하다'는 의미를 지닌 "差"를 사용하여 '(~분) 전'이라는 표현을 나타낼 수 있다.

中国语表时间的 "时(点), 分, 秒" 与韩国语一样加在数词后。"2시"时用 "两点" (注意不用 "二点")。'2분'时主要用 "二分"表示。也可使用"两分"。表示' "분" (分)时, 10以下的数一般在前加 "零"读。表15分的单位是 "刻", 因此15分是 "一刻", 45分是 "三刻", 而且可用 "부족하다"意思的 "差"表示 "~分前"。

- 4:00 四点 sì diǎn
- 4:05 四点零五分 sì diǎn líng wǔ fēn
- 4:15 四点十五分/四点一刻 sì diǎn shí wǔ fēn / sì diǎn yí kè
- 4:30 四点三十分/四点半 sì diǎn sān shí fēn / sì diǎn bàn
- 4:45 四点四十五分/四点三刻 sì diǎn sì shi wǔ fēn / sì diǎn sān kè
- 4:55 四点五十五分/差五分五点 sì diǎn wǔ shi wǔ fēn / chà wǔ fēn wǔ diǎn

연습문제 练习题

1. 다음 문장을 읽어 보세요.

朗读下面句子。

① huáhuásòngxiǎohuánghuánghuār (华华送小黄黄花儿)

② xiǎoliúzàifànguǎnrchīfàn (小刘在饭馆儿吃饭)

③ wǒmenlǐngtóurhěnyǒurénqíngwèir (我们领头儿很有人情味儿)

④ chízilǐyǒuhěnduōxiǎoyúr (池子里有很多小鱼儿)

⑤ xiǎoliúrláixìnrleméiyou (小刘儿来信儿了没有)

2. 다음 한자를 읽고 발음을 적어 봅시다.

朗读下列词汇并写出它的发音。

① 有趣儿 ____________ ② 瓜子儿 ____________

③ 小刘儿 ____________ ④ 门口儿 ____________

⑤ 一块儿 ____________ ⑥ 汽水儿 ____________

⑦ 小朴儿 ____________ ⑧ 头儿 ____________

3. 다음 보기에서 알맞은 글을 선택하여 괄호 안에 넣으시오.

在例示中选择适当的词填空。

〈보기〉: 最　已经　和　哪　哪儿

① 你是(　　　)位?

② 我买瓜子儿(　　　)汽水儿。

③ 我在(　　　)等你。

④ 她(　　　)喜欢吃什么?

⑤ 票我(　　　)买了。

4. 다음 문장을 어순에 맞게 배열하시오.

准确排列下列语序。

① 我　你　等　在　哪儿

↳ ______________________________

② 我们　见　在　哪儿　几点

↳ ______________________________

③ 车　我　借　爸爸的　我

↳ ______________________________

④ 买　瓜子　汽水　我　和

↳ ______________________________

⑤ 我们　电影儿　看　去　一块儿

↳ ______________________________

⑥ 什么　今天　没有　事吗　有趣儿的

↳ ______________________________

5. 다음 문장들을 번역하시오.

翻译下面句子。

① 我在学校门口等你。 ______________________________

② 票我已经买了。 ______________________________

③ 一会儿见! ______________________________

④ 一块儿去看电影。 ______________________________

6. 다음 한자 필순을 모방하여 빈칸을 채워 넣으세요.

模仿练写下列汉字。

liú	丶 亠 ナ 文 刘 刘					
刘	刘	刘	刘	刘	刘		

Piáo	一 十 才 木 札 朴					
朴	朴	朴	朴	朴	朴		

qù	一 二 扌 扌 扌 走 走 赶 赶 趄 趄 趣 趣					
趣	趣	趣	趣	趣	趣		

shì	一 一 亓 亓 亘 亘 亘 亘 事					
事	事	事	事	事	事		

diàn							
电	电	电	电	电	电		

yīng							
影	影	影	影	影	影		

piào							
票	票	票	票	票	票		

guā							
瓜	瓜	瓜	瓜	瓜	瓜		

qì							
汽	汽	汽	汽	汽	汽		

shuǐ	亅 才 氺 水						
水	水	水	水	水	水		

děng	丿 𠂉 ⺊ 𥫗 𥫗 ⺮ 竺 竺 笙 笙 等 等						
等	等	等	等	等	等		

zuò	丿 人 人丿 从 丛 坐 坐						
坐	坐	坐	坐	坐	坐		

chē	一 𠂇 𠂇 车 车						
车	车	车	车	车	车		

jiè	丿 亻 仁 仕 仳 仳 仳 借 借 借						
借	借	借	借	借	借		

kāi	一二于开						
开	开	开	开	开	开		

第十三课 你什么时候去中国?

발음

1. 聲調의 변화

① 3성의 변화

3성 뒤에 연이어서 3성이 오면 2성으로 변조되고 3성 뒤에 1성, 2성, 4성, 경성이 오면 반3성으로 변조된다.

3성+3성	yǎnjiǎng (演讲)	shuǐguǒ (水果)	liǎojiě (了解)	lǐngdǎo (领导)
3성+1성	lǎoshī (老师)	guǎngbō (广播)	jiǎngshī (讲师)	běijīng (北京)
3성+2성	zǔguó (祖国)	hǎiyáng (海洋)	jiǔshí (九十)	chǎngfáng (厂房)
3성+4성	gǔlì (鼓励)	fěnsè (粉色)	zǔlì (阻力)	yǎngqì (氧气)
3성+경성	jiǎnzi (剪子)	nǎinai (奶奶)	wǒmen (我们)	zuǐba (嘴巴)

2. "一, 七, 八, 不"의 변화

"一"은 본래 1성이지만 1성, 2성, 3성 앞에서는 4성으로, 4성 앞에서는 2성으로 변한다.

yītiān → yìtiān(一天)
yījīn → yìjīn(一斤)
yīnián → yìnián(一年)
yītóng → yìtóng(一同)
yīqǐ → yìqǐ(一起)
yījiǎo → yìjiǎo(一角)
yīyàng → yíyàng(一样)
yīcì → yícì(一次)

"七, 八"은 본래 1성이지만 4성 앞에서는 2성으로 변한다.

qīyuè → qíyuè(七月)
bāyuè → báyuè(八月)
qīkuài → qíkuài(七块)
bākuài → bákuài(八块)

"不"는 본래 4성인데 4성 앞에서는 2성으로 변한다.

bùhuì → búhuì (不会)
bùqù → búqù (不去)

회화 会话

❶ A. 你 什 么 时 候 去 中 国?
nǐ shén me shí hou qù zhōng guó?

B. 我 七 月 八 号 去 中 国。
wǒ qī yuè bā hào qù zhōng guó.

A. 你 打 算 在 那 儿 停 留 几 天?
nǐ dǎ suàn zài nàr tíng liú jǐ tiān?

B. 五 六 天。
wǔ liù tiān.

A. 你 打 算 在 那 儿 做 什 么 呢?
nǐ dǎ suàn zài nàr zùo shén me ne?

B. 第 一 天 在 北 京 听 一 个 演 讲, 然 后 去 上 海 参 加 一 个 博 览 会。
dì yì tiān zài běi jīng tīng yí ge yǎn jiǎng, rán hòu qù shàng hǎi cān jiā yí ge bó lǎn huì.

❷ A. 你 什 么 时 候 回 国?
nǐ shén me shí hou huí guó?

B. 我 七 月 十 三 号 回 国。
wǒ qī yuè shí sān hào huí guó.

A. 你 在 那 儿 停 留 了 几 天?
nǐ zài nàr tíng liú le jǐ tiān?

B. 六 天。
liù tiān.

A. 那 里 的 饮 食 适 合 你 吗?
Nà lǐ de yǐn shí shì hé nǐ ma?

B. 不 太 适 合。但 是 水 果 很 好 吃，特 别 是 荔 枝。
bú tài shì hé。dàn shì shuǐ guǒ hěn hǎo chī, tè bié shì lì zhī.

A. 能 给 我 买 一 点 儿 回 来 吗?
néng gěi wǒ mái yì diǎnr huí lái ma?

B. 我 很 想 给 你 买 来，可 是 海 关 不 让 带。
wǒ hěn xiǎng gěi nǐ mǎi lái, kě shì hǎi guān bú ràng dài.

새 단어 生词

时候	(名)	shíhòu	때, 시각
打算	(助动)	dăsuàn	~하려고 하다
停留	(动)	tíngliú	머물다
北京	(名)	běijīng	북경(중국의 수도)
演讲	(动)	yănjiăng	강연하다
然后	(连)	ránhòu	그러한 후에, 그리고 나서
上海	(名)	shànghăi	상해(중국의 도시)
参加	(动)	cānjiā	참가하다, 참여하다, 참석하다
博览会	(名)	bólănhuì	박람회
回	(动)	huí	(원위치로) 되돌아오다, 되돌아가다
饮食	(名)	yĭnshí	음식
适合	(动)	shìhé	적합(부합)하다, 알맞다, 적절하다

水果	(名)	shŭiguǒ	과일
荔枝	(名)	lìzhī	리치(과일명)
能	(助动)	néng	~가능하다, ~할 수 있다
给	(介)	gěi	~에게 주다
海关	(名)	hăiguān	세관
可是	(连)	kěshì	그러나, 하지만, 그렇지만
让	(动)	ràng	~하도록 시키다
带	(动)	dài	가지고 오다, 휴대하다

어법설명 및 표현 语法说明及表达

1. 打算

조동사이며 '~하려 하다'의 뜻으로 동사 앞에 적는다.

助动词"打算"用在动词前，表示 '~하려 하다'.

- 我 打 算 回 家，你 呢? (나는 집에 갈 예정인데 너는?)
  wǒ dǎ suàn huí jiā, nǐ ne?

문장에서 주로 '언제 ~을 할 예정 이다' 혹은 '어디에서 ~을 하려 하다'로 많이 사용되므로 시간 명사나 장소를 나타내는 말들의 동사 앞에 많이 나타난다. 이때 "打算"은 동사 바로 앞 혹은 시간이나 장소를 나타내는 말 앞에 적는다.

在句子中主要用于"什么时候，预计做什么"或"在哪里~想做什么"，为此一般放在表示时间或场所的句子的动词之前。这时"打算"直接放在动词前或表时间或场所的句子之前。

- 你 明 天 打 算 做 什 么? (넌 내일 무엇을 할 생각이니?)
  nǐ míng tiān dǎ suàn zùo shén me?

- 我 打 算 在 北 京 停 留 五 天。(난 북경에서 5일 머물 생각이야.)
  wǒ dǎ suàn zài běi jīng tíng liú wǔ tiān.

- 你 打 算 几 点 出 去? (너 몇 시에 나갈 예정이니?)
  nǐ dǎ suàn jǐ diǎn chū qu?

2. 第一天

“第”는 접두사이며 서수를 나타내는 말로 숫자 앞에 적는다.
前缀词“第”放在数词前表示序数。

- 第 一 天 (첫째 날)
  dì yī tiān

- 第 二 名 (2등)
  dì èr míng

- 第 十 次 (10회)
  dì shí cì

3. 然后

“然后”는 접속사로서 어떤 일을 하고 난 후에 이어서 다른 일을 할 때 그 다음 동작의 바로 앞에 적는다. “先~然后~”의 문형으로 많이 쓰인다.
连词 “然后” 放在做完某事, 紧接着做某事时的动词前, 常用 “先~然后~”的句型。

- 第 一 天 在 北 京 听 一 个 演 讲, 然 后 去 上 海 参 加 一 个 博 览 会。
  dì yì tiān zài běi jīng tīng yí ge yǎn jiǎng, rán hòu qù shàng hǎi cān jiā yí ge bó lǎn huì.
  (첫째 날 북경에서 강연을 듣고 나서 상해로 가 박람회에 참가하겠다.)

• 先给朋友们打电话, 然后再决定约会时间吧。
xiān gěi péng yǒu dǎ diàn huà, rán hòu zài jué dìng yuē huì shí jiān.
(우선 친구들에게 전화를 걸고 그 다음 약속 시간을 정하자.)

4. 能

조동사로 쓰일 때 '~가 될 수 있다', '~인 것 같다', '~할 가능성이 있다'는 뜻으로 가능을 표시하기도 하고, 또 '~을 할 수 있다', '~할 능력이 있다'는 뜻으로 능력을 표시하기도 한다.

用做助动词时表示可能, 是韩国语的 '~가 될 수 있다.', '~인 것 같다.', '~할 가능성이 있다'的意思。"能"又表示能力, 是 '~을 할 수 있다', '~할 능력이 있다'的意思。

• 他能用汉语演讲。(능력)
tā néng yòng hàn yǔ yǎn jiǎng.
(그는 중국어로 강연을 할 수 있다.)

• 我三天能看完这本书。(능력)
wǒ sān tiān néng kàn wán zhè běn shū.
(나는 3일 동안에 이 책을 다 볼 수 있다.)

• 荔枝很好吃, 能给我买一点儿回来吗? (가능)
lì zhī hěn hǎo chī, néng gěi wǒ mái yì diǎnr huí lái ma?
(리치가 아주 맛있는데 나에게 좀 사다 줄 수 있니?)

• 他 什 么 时 候 能 回 來 啊! (가능)
tā shén me shí hòu néng huí lái a!
(그는 언제 돌아올 수 있겠는가!)

5. 让

우리말의 '~로 하여금 ~하게 하다'의 의미로 겸어문에 사용되는 동사이다. 겸어문은 첫 번째 동사의 목적어로, 두 번째 동사의 주어 역할을 겸한다는 의미에서 겸어문이라고 하는데 겸어문의 첫 번째 동사로는 주로 "让, 叫, 请…" 등이 사용된다.

"让"主要用在兼语句。兼语句是第一个动词的宾语，兼当第二个动词的主语，所以叫兼语句。兼语句的第一个动词主要是"让，叫，请…"等。

• 妈 妈 让 我 去 商 店 买 可 乐。
Mā ma ràng wǒ qù shāng diàn mǎi kě lè.
(어머니가 나더러 상점에 가서 콜라를 사오라고 시킨다.)

• 我 很 想 给 你 买 来, 可 是 海 关 不 让 带。
Wǒ hěn xiǎng gěi nǐ mǎi lái, kě shì hǎi guān bú ràng dài.
(나는 너에게 정말 사주고 싶지만 그러나 세관에서 들고 오지 못하게 한다.)

연습문제 练习题

1. 다음 문장을 읽어 보시오.

朗读下面句子。

① wǒhěnxiǎngtīngyígeyǎnjiǎng. (我很想听一个讲演。)

② lǎoshīxǐhuantīngguǎngbō. (老师喜欢听广播。)

③ zhèzhǒngshuǐguǒyòupiǎnyiyòuhǎochī. (这种水果又便宜又好吃。)

④ méiyǒuyǎngqìrénzénmenénghuóne? (没有氧气人怎么能呢?)

⑤ nǎinaichángchánggǔlìwǒnǔlìxuéxí. (奶奶常常鼓励我努力学习。)

2. 다음 어휘를 읽고 발음을 적어 봅시다.

朗读下列词汇并写出它的发音。

① 时候 ____________________

② 停留 ____________________

③ 北京 ____________________

④ 演讲 ____________________

⑤ 参加 ____________________

⑥ 博览会 ____________________

⑦ 水果 ____________________

⑧ 荔枝 ____________________

3. 다음 보기에서 알맞은 말을 선택하여 넣으시오.

在例示中选择适当的词填空。

〈보기〉 : 打算　什么　能　想　在

① 我很________给你买来。

② 你________在那儿停留几天。

③ 你________时候去中国?

④ ________给我买一点回来吗?

⑤ 我________北京听一个演講

4. 다음 문장을 어순에 맞게 배열하시오.

准确排列下列语序。

① 七月八号　中国　我　去

↳ ________________________________

② 你　回国　什么时候

↳ ________________________________

③ 停留了　　你　　几天　　在那儿

↳ ______________________________

④ 你　　那里的　　适合　　饮食　　吗

↳ ______________________________

⑤ 很　　我　　想　　买来　　给你

↳ ______________________________

5. 다음 문장들을 해석하시오.

翻译下面句子。

① 你打算在那儿做什么呢?

↳ ______________________________

② 听说中国的水果很便宜。

↳ ______________________________

③ 我七月八号去中国。

↳ ______________________________

④ 那里的饮食适合你吗?

↳ ________________________________

⑤ 我很想给你买来，可是海关不让带。

↳ ________________________________

6. 다음 한자 필순을 모방하여 빈칸을 채워 넣으세요.

> 模仿练写下列汉字。

shí	丨 冂 月 日 日一 时 时						
时	时	时	时	时	时		

hòu	丿 亻 亻丨 亻𠂆 … 候						
候	候	候	候	候	候		

suàn	丿 ⺊ ⺮ … 算 算						
算	算	算	算	算	算		

tíng	丿 亻 亻' 亻亠 亻亠 亻亠 亻亠 亻亠 亻亭 亻亭 停					
停	停	停	停	停	停		

liú	′ ㄈ ㄈ 𠂎 卯 卯 㽞 㽞 留 留					
留	留	留	留	留	留		

yǎn	丶 冫 氵 氵 氵 氵 氵 氵 氵 氵 氵 演 演 演					
演	演	演	演	演	演		

rán	丿 ク 夕 夕 夕 夕 犬 然 然 然 然 然					
然	然	然	然	然	然		

bó	一 十 十 十 十 十 博 博 博 博 博 博					
博	博	博	博	博	博		

lǎn	丨 刂 刂 刂 刂 刂 览 览 览						
览	览	览	览	览	览		

biàn	丿 亻 亻 亻 佰 佰 佰 便 便						
便	便	便	便	便	便		

yí	丶 丶 宀 宀 宜 宜 宜 宜						
宜	宜	宜	宜	宜	宜		

ràng	丶 讠 讠 让 让 让 让 让						
让	让	让	让	让	让		

dài	一 十 艹 艹 荔 荔 荔 荔 荔						
荔	荔	荔	荔	荔	荔		

lì	一 十 卄 卌 卌 卌 帯 帯 帶					
帶	帶	帶	帶	帶	帶	

hǎi	丶 丶 氵 氵 氵 汇 沟 海 海 海 海					
海	海	海	海	海	海	

shì	一 二 千 千 舌 舌 舌 话 适					
适	适	适	适	适	适	

zhī	一 十 才 木 木 杙 枝 枝					
枝	枝	枝	枝	枝	枝	

guān	丶 丷 䒑 兰 关 关					
关	关	关	关	关	关	

hé	ノ 𠆢 亼 亽 合 合						
合	合	合	合	合	合		

第十四课 现在几点了?

회화 会话

❶ A. 现 在 几 点 了?
xiàn zài jǐ diǎn le?

B. 现 在 差 十 分 八 点。
xiàn zài chà shí fēn bā diǎn.

A. 我 得 马 上 走 了。今 天 又 要 迟 到 了。
wǒ děi mǎ shàng zǒu le. jīn tiān yòu yào chí dào le.

B. 你 们 几 点 上 课。
nǐ men jǐ diǎn shàng kè.

A. 我 们 每 天 从 早 上 九 点 开 始 上 课。
wǒ men měi tiān cóng zǎo shang jiǔ diǎn kāi shǐ shàng kè.

B. 上 午 有 几 节 课?
shàng wǔ yǒu jǐ jié kè?

A. 上 午 有 四 节 课。
shàng wǔ yǒu sì jié kè.

B. 下 午 呢?
xià wǔ ne?

A. 有的时候有三节课，有的时候有四节课。
yǒu de shí hou yǒu sān jié kè, yǒu de shí hou yǒu sì jié kè.

❷ A. 几点了?
jǐ diǎn le?

B. 现在两点三刻。
xiàn zài liǎng diǎn sān kè.

A. 几点下课?
jǐ diǎn xià kè?

B. 三点半下课。
sān diǎn bàn xià kè.

A. 下一节还有课吗?
xià yì jié hái yǒu kè ma?

B. 有，还有两节课。
yǒu, hái yǒu liǎng jié kè

A. 还有哪两节课?
hái yǒu nǎ liǎng jié kè?

B. 一节数学课，一节英语课。
yì jié shù xué kè, yì jié yīng yǔ kè.

A. 几点下课放学?
jǐ diǎn xià kè fàng xué?

B. 每天五点半下课放学。
měi tiān wǔ diǎn bàn xià kè fàng xué.

새 단어 生词

现在	(名)	xiànzài	현재, 지금
点	(名)	diǎn	~시
差	(动)	chà	부족하다, 모자라다
得	(助动)	děi	~해야 한다
马上	(副)	mǎshàng	바로, 급히, 빨리
又	(副)	yòu	~또한, ~역시
迟到	(动)	chídào	지각하다
两	(数)	liǎng	둘
刻	(数)	kè	15분
半	(数)	bàn	2분의 1, 반, 절반
课	(名)	kè	수업, 강의, 수업 과목
上课	(动)	shàngkè	수업을 시작하다
从	(介)	cóng	~로 부터

开始	(动)	kāishǐ	시작하다
上午	(名)	shàngwǔ	오전
下午	(名)	xiàwǔ	오후
有的时候	(副)	yǒudeshíhòu	때로는
数学	(名)	shùxué	수학
英语	(名)	yīngyǔ	영어
下课	(动)	xiàkè	수업이 끝나다. 수업을 마치다
每天	(名/副)	měitiān	매일
放学	(名)	fàngxué	하루일과를 마치다, 수업을 마치다
节	(量)	jié	(수업을 세는 양사) 시간

어법설명 및 표현 语法说明及表达

1. 得

의무를 나타내는 조동사 “得”는 ‘(의무로서) 마땅히 ~해야 한다’는 의미를 나타낸다. 조동사 “得”의 부정형은 “*不得”가 아니라 “不用, 不必”를 쓰는 것에 주의하자.

表示义务的助动词 “得”是 ‘(의무로서) 마땅히 ~해야 한다’的意思。助动词 “得”的否定型不是 “不得”, 而是 “不用, 不必”。

- 我 得 说 明 一 下 吗? (제가 설명을 좀 해야 합니까?) → 不 用 了。(필요 없습니다.)
  wǒ děi shuō míng yí xià ma? bú yòng le。

- 我 得 做 完 今 天 的 作 业。(나는 오늘 숙제를 다 해야 한다.)
  wǒ děi zuò wán jīn tiān de zuò yè.

2. 又

“又”는 연속되거나 이미 반복된 동작이나 상황을 나타낼 때 쓰이며 우리말의 “또, 다시, 거듭”에 해당하는 빈도부사이다.

“又”表示连续或已经重复的动词和状态, 是韩国语的 ‘또, 다시, 거듭’意义的频度副词。

• 你 又 来 了? (너 또 왔니?)
nǐ yòu lái le?

• 他 又 去 中 国 了。(그는 또 중국에 갔다.)
tā yòu qù zhōng guó le.

3. 从

전치사 "从"은 동작이나 상황이 시작하거나 발생하는 장소나 시간의 시작점을 나타내는 말로, 우리말의 '~에서, ~부터'에 해당한다.

介词 "从"表示动作或状态的开始或发生的时间起时点，是韩国语的 '~에서, ~부터'的意思。

• 我 们 从 九 点 开 始 上 课。(우리는 9시부터 수업을 한다.)
wǒ men cóng jiǔ diǎn kāi shǐ shàng kè.

• 我 从 昨 天 开 始 在 仓 卖 打 工。(나는 어제부터 마트에서 아르바이트 한다.)
wǒ cóng zuó tiān kāi shǐ zài cāng mài dǎ gōng.

4. 有的

대명사「有的」는 "有的时候" 와 같이 뒤에 명사를 동반하여 사람이나 사물 중의 일부를 나타내는 말이다. 우리말로는 '어떤'으로 해석된다. "有的时候"(어떤 때)는 때로 "的"를 생략하여 "有时候"로 사용되기도 한다.

代词 "有的" 一般同伴名词, 如 "有的时候", 表示人或事物的一部分。是韩国语的 "어떤"的意思。"有的时候"(어떤 때)有时省略 "的", 以 "有时侯"的形式使用。

- 回 家 以 后, 我 有 的 时 候 做 作 业, 有 的 时 候 看 电 视。
  huí jiā yi hòu, wǒ yǒu de shí hou zuò zuò yè, yǒu de shí hou kàn diàn shì.
  (집으로 돌아온 후, 나는 어떤 때는 숙제를 하고, 어떤 때는 TV를 본다.)

- 放 学 以 后, 有 的 同 学 回 家, 有 的 同 学 去 打 工。
  fàng xué yi hòu, yǒu de tóng xué huí jiā, yǒu de tóng xué qù dǎ gōng.
  (수업을 마친 뒤 어떤 학생들은 집으로 돌아가고, 어떤 학생들은 아르바이트하러 간다.)

연습문제 练习题

1. 다음 시간들을 중국어로 말하고 써 봅시다.

用汉语写出下列时间。

① 07:10 (   )

② 08:15 (   )

③ 11:30 (   )

④ 12:05 (   )

⑤ 10:45 (   )

⑥ 12:50 (   )

2. 다음 어휘를 읽고 발음을 적어 봅시다.

读下列汉字并写出它的发音。

① 现在 ______________ ② 马上 ______________

③ 上课 ______________ ④ 开始 ______________

⑤ 每天 ______________ ⑥ 放学 ______________

⑦ 数学 ______________ ⑧ 英语 ______________

3. 다음 보기에서 알맞은 말을 선택하여 빈칸에 넣으시오.

在例示中选择适当的词填空。

〈보기〉: 得 还 从 几 还有

① 现在＿＿＿＿＿点了?

② 我们每天＿＿＿＿＿九点开始上课。

③ 下午有＿＿＿＿＿节课?

④ 我＿＿＿＿＿马上走了。

⑤ 今天＿＿＿＿＿看电影啊!

⑥ 下午＿＿＿＿＿几节课?

4. 다음 문장을 어순에 맞게 배열하시오.

准确排列下列语序。

① 有 上午 课 几节

↳ ＿＿＿＿＿＿＿＿＿＿＿＿＿＿＿＿＿＿＿＿

② 下课 每天 你们 几点

↳ ＿＿＿＿＿＿＿＿＿＿＿＿＿＿＿＿＿＿＿＿

③ 又 今天 迟到了 要

↳ ______________________

④ 每天 五点半 下课 放學

↳ ______________________

⑤ 早上 九点 我们 开始 每天 从 上课

↳ ______________________

5. 다음 문장들을 중국어로 번역해 보세요.

用汉语翻译下面句子。

① 그는 학교에 갔습니다.

↳ ______________________

② 지금 몇 시입니까?

↳ ______________________

③ 누나는 집에 없습니다.

↳ ______________________

④ 좋아, 나중에 보자.

↳ ____________________

⑤ 우리 집은 식구가 5명입니다.

↳ ____________________

⑥ 오늘은 수업이 4시간 있습니다.

↳ ____________________

6. 다음 한자 필순을 모방하여 빈칸을 채워 넣으세요.

模仿练写下列汉字。

xiàn	一 二 王 王 玑 玑 现 现						
现	现	现	现	现	现		

zài	一 ナ 𠂇 在 在 在						
在	在	在	在	在	在		

chà	丶 丷 䒑 䒑 兰 羊 羊 羊 差						
差	差	差	差	差	差		

fēn	丿 八 分 分						
分	分	分	分	分	分		

dé	丿 彳 彳 彳 彳 彳 彳 彳 彳 得 得						
得	得	得	得	得	得		

yào	一 丅 亓 覀 覀 西 要 要 要						
要	要	要	要	要	要		

chí	丿 尸 尸 尺 尺 识 迟						
迟	迟	迟	迟	迟	迟		

kè	丶 亠 讠 讠 讠 讵 讵 讵 诇 课 课 课						
课	课	课	课	课	课		

hòu	丿 亻 亻 亻 亻 亻 亻 亻 侯 候						
候	候	候	候	候	候		

fàng	丶 亠 亡 方 方 方 放 放						
放	放	放	放	放	放		

suǒ	厂 户 户 所 所 所						
所	所	所	所	所	所		

yǐ	乚 乚 以 以						
以	以	以	以	以	以		

shǔ	一 十 丬 半 米 米 娄 娄 娄 数 数 数						
数	数	数	数	数	数		

yīng	一 十 艹 艹 芇 芇 英 英						
英	英	英	英	英	英		

yǔ	丶 讠 讠 讠 讵 语 语 语 语						
语	语	语	语	语	语		

第十五课 银行在哪儿?

회화 会话

❶ A. 金 鑫, 去 银 行 怎 么 走?
jīn xīn, qù yín háng zěn me zǒu?

B. 我 们 学 校 里 面 有 银 行。
wǒ men xué xiào lǐ miàn yǒu yín háng.

A. 是 吗? 银 行 在 哪 儿?
shì ma? yín háng zài nǎr?

B. 银 行 在 学 校 食 堂 的 左 面, 商 店 的 对 面。
yín háng zài xué xiào shí táng de zuǒ miàn, shāng diàn de duì miàn.

A. 学 校 里 面 也 有 邮 局 吗?
xué xiào lǐ miàn yě yǒu yóu jú ma?

B. 有 啊, 商 店 的 右 边 就 是 邮 局。
yǒu a, shāng diàn de yòu bian jiù shì yóu jú.

A. 你 可 以 陪 我 去 吗?
nǐ kě yǐ péi wǒ qù ma?

B. 那 么, 你 在 下 面 等 一 会 儿。
nà me, nǐ zài xià miàn děng yí huì r.

我 上 去 拿 存 折 来。
wǒ shàng qù ná cún zhé lái.

❷ A. 小 姐, 去 图 书 馆 怎 么 走?
xiǎo jiě, qù Tú shū guǎn zěn me zǒu?

B. 你 想 去 哪 个 图 书 馆?
nǐ xiǎng qù nǎ gè Tú shū guǎn?

A. 我 想 去 工 大 图 书 馆。
wǒ xiǎng qù Gōng dà Tú shū guǎn.

B. 请 在 前 边 的 公 共 汽 车 站 坐 51 路 公 共 汽 车。
qǐng zài qián biān de Gōng gòng qì chē zhàn zuò wǔ shí yī lù gōng gòng qì chē.

A. 在 哪 儿 下 车 呢?
zài nǎr xià chē ne?

B. 在 哈 尔 滨 工 业 大 学 站 下 车。
zài Hā ěr bīn gōng yè dà xué zhàn xià chē.

A. 下 车 以 后 怎 么 走?
xià chē yǐ hòu zěn me zǒu?

B. 下 车 以 后, 过 马 路, 在 本 馆 右 侧 小 路 走 五 分 钟 就 到 了。
xià chē yǐ hòu, guò mǎ lù, zài běn guǎn yòu cè Xiǎo lù zǒu wǔ fēn zhōng jiù dào le.

새 단어 生词

银行	(名)	yín háng	은행
学校	(名)	xué xiào	학교
食堂	(名)	shí táng	식당
商店	(名)	shāng diàn	상점
右边	(名)	yòu biān	오른쪽
左面	(名)	zuǒmiàn	좌측
对面	(名)	duì miàn	맞은편, 건너편
下面	(名)	xià miàn	아래쪽
拿	(动)	ná	가지다
邮局	(名)	yóujú	우체국
一会儿	(名)	yíhuìr	잠시, 잠깐
图书馆	(名)	túshūguǎn	도서관

工大	(名)	gōngdà	공대(공업대학 줄인말)
前边	(名)	qiánbiān	앞
公共汽车	(名)	gōnggòngqìchē	버스
哈尔滨工业大学	(名)	hāěrbīngōngyèdàxué	하얼빈공업대학
以后	(名)	yǐhòu	이후
过	(动)	guò	자나다
马路	(名)	mǎlù	대로
本馆	(名)	běnguǎn	본관
右侧	(名)	yòucè	우측
小路	(名)	xiǎolù	좁은 길, 오솔길
就	(副)	jiù	곧, 바로
分钟	(名)	fēnzhōng	분
到	(动)	dào	도착하다
宿舍	(名)	sùshè	기숙사

白菜	(名)	báicài	배추
花	(名)	huā	꽃

어법설명 및 표현 语法说明及表达

1. 방위명사(方位名詞)

방향이나 위치를 나타내는 방위사는 단순방위사와 합성방위사로 나뉘는데, 단순방위사 "东dōng, 西xī, 南nán, 北běi, 上shàng, 下xià, 前qián, 后hòu, 左zuǒ, 右yòu, 里lǐ, 外wài, 内nèi,中zhōng, 旁páng" 앞에 "以yǐ, 之zhī"를 첨가하거나 뒤에 '边biān, 面miàn, 头tóu, 方fāng"을 덧붙이면 합성방위사가 된다.

表示方向或位置的方位词分为单纯方位词和复合方位词。单纯方位词"东dōng, 西xī, 南nán, 北běi, 上shàng, 下xià, 前qián, 后hòu, 左zuǒ, 右yòu, 里lǐ, 外wài, 内nèi,中zhōng, 旁páng"前加 "以, 之", 后面加"边biān, 面miàn, 头tóu, 方fāng"变成合成方位词。

	东	西	南	北	上	下	前	后	左	右	里	外	内	中	旁
以+	以东	以西	以南	以北	以上	以下	以前	以后	-	-	-	以外	以内	-	-
之+	-	-	-	-	之上	之下	之前	之后	-	-	-	之外	之内	之中	-
+边	东边	西边	南边	北边	上边	下边	前边	后边	左边	右边	里边	外边	-	-	旁边
+面	东面	面西	南面	北面	上面	下面	前面	后面	左面	右面	里面	外面	-	-	-
+头	东头	西头	南头	北头	上头	下头	前头	后头	-	-	里头	外头	-	-	-

- 你 的 房 间 里(面) 有 什 么 家 具? (네 방에는 어떤 가구가 있니?)
  nǐ de fáng jiān lǐ(miàn) yǒu shén me jiā jù?

- 教 室 里(边) 有 很 多 学 生。(교실 안에 많은 학생들이 있다.)
  jiào shì lǐ(bian) yǒu hěn duō xué sheng.

- 他 的 旁 边 就 是 他 爱 人。(그의 옆(사람)이 바로 그의 아내이다.)
  tā de páng biān jiù shì tā ài rén.

2. 怎么

"怎么"는 우리말의 "어떻게"의 의미로 방법이나 수단, 성질, 상태를 묻는 의문대명사이다.

"怎么"是韩语的"어떻게"的意思，是表示手段，性质，状态的疑问代词。

- 圣 诞 节 你 打 算 怎 么 过? (크리스마스를 어떻게 보낼거니?)
  shèng dàn jié nǐ dǎ suàn zěn me guò?

- 去 天 安 门 广 场 怎 么 走? (천안문광장은 어떻게 갑니까?)
  qù tiān ān mén guáng chǎng zěn me zǒu?

3. 是吗?

우리말의 '그렇습니까'에 해당하는 말로, 확인의 말투이다. 부가의문문 형태로 잘 사용되며, 부정형인 "不是吗?"(그렇지 않습니까?)도 상용되는 표현이다.

"是吗?"是表示韩国语的 "그렇습니까"的意思。是表示确认的语气。常用于否定疑问句形态，否定型 "不是吗?"(그렇지 않습니까?)也是常用的表达方式。

• 听 说 学 汉 语 很 难，是 吗?
  tīng shuō xué hàn yǔ hěn nán, shì ma?
  (듣자니 중국어 배우기 어렵다는데, 그렇습니까?)

• 他 们 都 是 足 球 迷，不 是 吗?
  tā men dōu shì zú qiú mí, bú shì ma?
  (그들은 모두 축구광이잖아요, 아닌가요?)

4. 来/去

동사나 형용사 뒤에서 동작이나 상태의 방향을 보충 설명해 주는 역할을 하는 문장성분을 방향보어라고 한다. 방향보어는 단순방향보어와 복합방향보어로 나뉜다.

在动词或形容词后，补充说明动词或状态的方向的句子成分叫方向补语。方向补语分为单纯方向补语和复合方向补语。

단순방향보어(单纯方向补语)

동사 + 上, 下, 进, 出, 过, 回, 起

단순방향보어는 다음과 같이 동사나 형용사 뒤에 방향이나 이동을 나타내는 동사를 붙인 것이다. 단순방향보어의 뒤에 来/去를 붙여 동사를 보충 설명하면 복합방향보어가 된다.

单纯方向补语就是在动词或形容词后加上表方向或移动的动词。在单纯方向补语的后边加“来／去”补充说明动词的话，就是复合方向补语。

복합방향보어(复合方向补语)

단순 / 복합	上, 下, 进, 出, 过, 回, 起	특징
來	上來, 下來, 进來, 出來, 过來, 回來, 起來	화자의 위치로 가까이 올 때
去	上去, 下去, 进去, 出去, 过去, 回去,-	화자의 위치에서 멀어질 때

- 你 们 都 赶 快 进 去 吧。(너희들 모두 빨리 들어가거라.)
  nǐ men dōu gǎn kuài jìn qù ba.

- 他 们 已 经 回 来 了, 不 是 吗? (그들은 벌써 돌아왔잖아요, 아닌가요?)
  tā men yǐ jing huí lái le, bú shì ma?

5. 回头见

부사 “回头”는 우리말의 “잠시 후, 조금 있다가”의 의미로, 뒤에 동사 “见”을 붙여 “좀 있다 보자”의 의미로 구어에서 상용된다.

副词 “回头” 是韩国语的 “잠시 후, 조금 있다가” 的意思。后面加上动词 “见” 表示 “좀 있다 보자”(一会儿见)的意思，常用于口语。

- 那 么，回 头 见 啰！(그럼 나중에 봐요!)
  nà me, huí tóu jiàn luo!

연습문제 练习题

1. 다음 문장들을 읽어 봅시다.

朗读下面句子。

① qùyínhángzěnmezǒu? (去银行怎么走?)

② xuéxiàolǐmiànyǒuyóujú。(学校里面有邮局.)

③ yínhángzàixuéshēngshítángdezuǒmiàn。(银行在学生食堂的左面.)

④ xiànzàijǐdiǎnle? (现在几点了?)

⑤ qùGōngdàTúshūguǎnzěnmezǒu? (去工大图书馆怎么走?)

⑥ nǐxiǎngqùnǎgèTúshūguǎn? (你想去哪个图书馆?)

2. 다음 어휘들을 읽고 발음을 써 봅시다.

朗读下列词汇并写出它的发音。

① 银行 (　　　　　　)　　② 里面 (　　　　　　)

③ 食堂 (　　　　　　)　　④ 商店 (　　　　　　)

⑤ 邮局 (　　　　　　)　　⑥ 陪 (　　　　　　)

⑦ 拿 (　　　　　　)　　⑧ 存折 (　　　　　　)

3. 다음 보기에서 알맞은 말을 선택하여 빈칸에 넣으시오.

在例示中选择适当的词填空。

〈보기〉 : 和　有　很　又　在

① 你的宿舍________茶吗?

② 妈妈买白菜________花。

③ 听说中国的水果________便宜。

④ 银行________学生食堂的左面。

⑤ 今天________要迟到了。

4. 다음 문장을 어순에 맞게 배열해 보세요.

准确排列下列语序。

① 我们　银行　学校　有　里面

↳ ______________________________

② 学校　吗　有　里面　也　邮局

↳ ______________________________

③ 商店　右边　的　邮局　就是

↳ ______

④ 去吗　可以　陪　我　你

↳ ______

⑤ 一会儿　你　等　下面　在

↳ ______

5. 다음 문장들을 중국어로 번역해 보세요.

用汉语翻译下面句子。

① 나는 3월 4일에 중국에 간다.

↳ ______

② 오전에 수업이 몇 시간 있니?

↳ ______

③ 은행은 어떻게 갑니까?

↳ ______

④ 나중에 보자.

↳ ______________________________

⑤ 밑에서 잠깐 기다리세요.

↳ ______________________________

⑥ 어디서 차를 내려야 됩니까?

↳ ______________________________

6. 다음 물음에 답해 봅시다.

回答下列句子。

① 银行在哪儿?

② 去银行怎么走?

③ 学校里面也有邮局吗?

④ 你想去哪个图书馆?

⑤ 在哪儿下车呢?

7. 다음 한자 필순을 모방하여 빈칸을 채워 넣으세요.

模仿练写下列汉字。

yín							
银	银	银	银	银	银		

háng							
行	行	行	行	行	行		

zěn							
怎	怎	怎	怎	怎	怎		

shí							
食	食	食	食	食	食		

táng	丨 ⺌ ⺌ 𫩏 ⺫ 尚 尚 尚 堂 堂 堂
堂	堂 堂 堂 堂 堂

yóu	丨 冂 日 由 由 由 由阝 邮
邮	邮 邮 邮 邮 邮

jú	丿 厂 尸 月 局 局 局
局	局 局 局 局 局

péi	丨 阝 阝 阝 阝 阝 阝 阝 陪 陪 陪
陪	陪 陪 陪 陪 陪

děng	丿 𠂉 ⺮ ⺮ ⺮ ⺮ 竺 竺 笙 笙 等 等
等	等 等 等 等 等

ná	丿 人 亼 今 合 合 㑒 㑒 拿 拿						
拿	拿	拿	拿	拿	拿		

cún	一 𠂇 𠂇 存 存 存						
存	存	存	存	存	存		

zhé	一 亅 扌 扩 扩 折						
折	折	折	折	折	折		

tú	丨 冂 囗 囗 図 图 图 图						
图	图	图	图	图	图		

shū	乛 ⺺ 书 书						
书	书	书	书	书	书		

guǎn	ノ 𠂉 饣 饣` 饣` 饣宀 饣宀 饣官 饣官 馆 馆						
馆	馆	馆	馆	馆	馆		

gòng	一 二 土 廾 共 共						
共	共	共	共	共	共		

qì	丶 冫 氵 氵 汔 汽 汽						
汽	汽	汽	汽	汽	汽		

chē	一 𠂇 左 车 车						
车	车	车	车	车	车		

mǎ	乛 马 马 马						
马	马	马	马	马	马		

lù	丨 ㄇ 口 早 𧾷 𧾷 𧾷 𧾷 𧿒 跻 跻 路 路						
路	路	路	路	路	路		

cè	丿 亻 亻 侀 俱 俱 侧 侧						
侧	侧	侧	侧	侧	侧		

gōng	丿 八 公 公						
公	公	公	公	公	公		

第十六课 你家有几个房间?

회화 会话

❶ A. 你 家 在 哪 儿?
nǐ jiā zài nǎr?

B. 我 家 在 北 京 路 七 十 八 号。
Wǒ jiā zài Běi jīng lù qī shí bā hào.

A. 你 家 住 公 寓 还 是 楼 房。
nǐ jiā zhù gōng yù hái shì lóu fáng.

B. 我 家 住 楼 房。
Wǒ jiā zhù lóu fáng.

A. 你 家 有 几 个 房 间?
nǐ jiā yǒu jǐ ge fáng jiān?

B. 我 家 一 共 有 三 个 房 间, 一 个 餐 厅, 一 个 厨 房, 两 个 洗 手 间。
wǒ jiā yí gòng yǒu sān ge fáng jiān, yí ge cān tīng, yí ge chú fáng, liǎng ge xǐ shǒu jiān.

A. 那 么 多 房 间 啊, 都 是 谁 的 房 间。
nà me duō fáng jiān a, dōu shì shéi de fáng jiān.

B. 一个房间是我父母的，一个房间是我的，
yí ge fáng jiān shì wǒ fù mǔ de, yí ge fáng jiān shì wǒ de,

还有一个房间是我妹妹的。
hái yǒu yí ge fáng jiān shì wǒ mèi mei de.

❷ A. 这是谁的房间?
zhè shì shéi de fáng jiàn?

B. 这是我和我弟弟的房间。真不好意思，我的家很小。
zhè shì wǒ hé wǒ dì di de Fáng jiān. zhēn bù hǎo yì si, wǒ de jiā hěn xiǎo.

A. 看起来你的家又大也很漂亮。
kàn qǐ lái nǐ de jiā yòu dà yě hěn piào liang.

B. 哪里，我的房间不大也不小。我和弟弟使用起来正合适。
nǎ lǐ, wǒ de fáng jiān bú dà yě bù xiǎo. wǒ hé dì di shǐ yòng qǐ lái zhèng hé shì.

A. 你的房间有电脑吗?
nǐ de fáng jiān yǒu diàn nǎo ma?

B. 有，我的房间有一台电脑，一张床，一张桌子，
yǒu, wǒ de fáng jiān yǒu yì tái diàn nǎo, yì zhāng chuáng, yì zhāng zhuō zi,

一把椅子，还有衣柜。
yì bǎ yǐ zi, hái yǒu yī guì.

A. 你的房间没有书架吗?
nǐ de fáng jiān méi yǒu shū jià ma?

B. 我的房间有一个很小的书架。
wǒ de fáng jiān yǒu yí ge hěn xiǎo de shū jià.

새 단어 生词

家	(名)	jiā	집
哪儿	(代)	nǎr	어디
北京	(名)	Běijīng	북경
路	(名)	lù	길, 도로
号	(名)	hào	호
住	(动)	zhù	살다
公寓	(名)	gōngyù	아파트
楼房	(名)	lóufáng	층집
漂亮	(形)	piàoliang	예쁘다
房间	(名)	fángjiān	방
洗手间	(名)	xǐshǒujiān	화장실
餐厅	(名)	cāntīng	식당
床	(名)	chuáng	침대
电脑	(名)	diànnǎo	컴퓨터

椅子	(名)	yǐzi	의자
桌子	(名)	zhuōzi	책상, 탁자
衣柜	(名)	yīguì	옷장
书架	(名)	shūjià	책장
厨房	(名)	chúfáng	주방
哪里	(代)	nǎli	어디, 어느 곳
房间	(名)	fángjiān	방
使用	(名)	shǐyòng	사용
正	(副)	zhèng	딱~, 꼭(알맞다)
合适	(形)	héshì	적당하다

어법설명 및 표현 语法说明及表达

1. 真不好意思

‘부끄럽다, 쑥스럽다’의미의 “不好意思” 앞에 정도를 강조하는 부사 “真”을 결합하여 ‘정말 죄송합니다, 정말 부끄럽습니다’란 의미로 상용되는 구어 관용표현이다.

在“不好意思”前加上表示强调的副词“真”表示“정말 죄송합니다(真对不起), 정말 부끄럽습니다(真害羞)”

- 给 你 添 了 这 么 多 麻 烦, 真 不 好 意 思。
  gěi nǐ tiān le zhè me duō má fan, zhēn bù hǎo yì si.
  (이렇게 많은 폐를 끼쳐 정말 죄송합니다.)

- 耽 误 了 你 不 少 时 间, 真 不 好 意 思。
  dān wu le nǐ bù shǎo shí jiān, zhēn bù hǎo yì si.
  (많은 시간을 지체하게 하여 정말 죄송합니다.)

2. 哪里

자신에 대한 상대방의 칭찬에 겸손하게 대응하는 표현법으로 “哪里” 혹은 중첩하여 “哪里哪里”를 사용한다. 우리말의 ‘천만에요, 별말씀을요’에 해당한다.

“哪里”是对对方的表扬表示谦虚的表达，也可重叠使用说“哪里哪里”，是韩国语的‘천만에요, 별말씀을요’的意思。

A: 你 汉 语 说 得 不 错 嘛! (중국어를 잘 하시네요!)
nǐ hàn yǔ shuō de bú cuò ma!

B: 哪 里 哪 里, 我 才 学 不 久, 还 差 得 远 呢。
nă ll nă li, wǒ cái xué bù jiŭ, hái chà de yuăn ne.
(별말씀을요, 배운 지 오래되지 않아 아직 멀었어요.)

3. 又…也

두 가지 동작이나 상황이 동시에 나타나거나 존재함을 나타내는 병렬문에 '또한, 동시에' 의미를 지닌 부사 "又"나 "也"를 조합하여 나타낼 수 있다. "又…也~" 외에 "又… 又~", "也…也~", "既…也(又)~"등의 표현법이 있는데 우리말의 '…하고 또 ~하다'에 해당한다.

表两个动作同时出现或存在的并列句子时, 可用 '또한, 동시에'意义的副词 "又"或 "也"表示, 除了"又 ~ 也 ~"以外, 还可使用 "又 ~ 又 ~", "也 ~ 也 ~", "即 ~ 也(又) ~"等表现方法, 是韩国语的 '…하고 또 ~하다'的意思。

• 她 又 漂 亮 也 很 可爱。(그녀는 예쁘고 귀엽다.)
tā yòu piào liang yě hěn kě ài.

• 这 个 菜 又 好 吃 又 很 便 宜。(이 음식은 맛있고 저렴하다.)
zhè ge cài yòu hăo chī yòu hěn pián yi.

4. 那么

'그렇게, 저렇게'라는 의미를 지닌 대명사 "那么"는 형용사나 동사 앞에서 정도를 수식하는 부사 역할을 할 수 있다. 부사 역할로 사용될 때 주로 "那么+형용사/동사" 또는 "那么+형용사+명사" 형식으로 잘 나타난다.

具有 '그렇게, 저렇게'意义的 "那么"可放在形容词或动词前起修饰程度的副词作用。具有副词作用的 "那么" 以 "那么+形容词／动词" 或 "那么+形容词+名词"的形式出现。

- 怎 么 那 么 贵 呀? (어쩜 그렇게 비싸요?)
  zěn me nà me guì ya?

- 我 没 有 那 么 多 钱。(나는 그렇게 많은 돈이 없다.)
  wǒ méi you nà me duō qián.

연습문제 练习题

1. 다음 어휘들을 읽고 발음을 써 보시오.

朗读下列词汇并写出它的发音。

① 公寓 (　　　　　　)　② 漂亮 (　　　　　　)

③ 厨房 (　　　　　　)　④ 椅子 (　　　　　　)

⑤ 电脑 (　　　　　　)　⑥ 书架 (　　　　　　)

⑦ 床 (　　　　　　)　⑧ 客厅 (　　　　　　)

2. 다음 보기에서 알맞은 말을 선택하여 빈칸에 넣으시오.

在例示中选择适当的词填空。

〈보기〉: 很小　几　那么　有　又　也

① 你家有＿＿＿＿个房间?

② ＿＿＿＿多房间啊!

③ 你的房间＿＿＿＿电脑吗?

④ 有一个＿＿＿＿的书架。

⑤ 我的家＿＿＿＿大＿＿＿＿很漂亮。

3. 다음 문장들을 중국어로 번역해 보세요.

用汉语翻译下面句子

① 집이 어딥니까?

② 정말 부끄럽네요.

③ 당신의 집은 방이 몇 개 있습니까?

④ 모두 누구의 방입니까?

⑤ 우리 집에는 2개의 방과 한 개의 거실이 있습니다.

4. 다음 문장을 어순에 맞게 배열해 보세요.

准确排列下列语序。

① 家　你　有　房间　几个

↳ ______________________________

② 我　有　家　房间　三个　一共

↳ ______________________________

③ 这是　房间　我　和　的　我弟弟

↳ ______________________________

④ 我　使用　和　正合适　弟弟　起来

↳ ______________________________

⑤ 你　楼房　家　住　还是　公寓

↳ ______________________________

⑥ 我的　一个　房间　书架　有　很小的

↳ ______________________________

5. 다음 물음에 답해 봅시다.

回答下列句子。

① 你家在哪儿?

② 你住公寓吗?

③ 你家有几个房间?

④ 这是谁的房间?

⑤ 你的房间有电脑吗?

6. 다음 한자 필순을 모방하여 빈칸을 채워 넣으세요.

模仿练写下列汉字。

jiā	丶 丶 宀 宀 宀 豸 家 家 家 家					
家	家	家	家	家	家		

yù	丶 丶 宀 宀 宀 宀 宀 宀 寓 寓 寓 寓					
寓	寓	寓	寓	寓	寓		

zhào	丨 冂 冃 日 日 昭 昭 昭 昭 照 照 照 照					
照	照	照	照	照	照		

piào	丶 丶 氵 氵 氵 氵 氵 漂 漂 漂 漂 漂 漂 漂					
漂	漂	漂	漂	漂	漂		

liàng	丶 亠 亠 亣 亩 亩 亭 亭 亮						
亮	亮	亮	亮	亮	亮		

fáng	丶 ㇒ 户 户 户 户 房 房						
房	房	房	房	房	房		

diàn	丨 冂 日 日 电						
电	电	电	电	电	电		

nǎo	丿 刀 月 月 月 月丶 肀 胠 脑 脑						
脑	脑	脑	脑	脑	脑		

chuáng	丶 ㇒ 广 户 庄 床 床						
床	床	床	床	床	床		

zhuō	桌桌						
桌	桌	桌	桌	桌	桌		

yǐ	一 十 才 木 椅椅椅						
椅	椅	椅	椅	椅	椅		

guì	一 十 才 木 柜柜						
柜	柜	柜	柜	柜	柜		

jià	加 架						
架	架	架	架	架	架		

chú	丿 厂 厨厨						
厨	厨	厨	厨	厨	厨		

xǐ	丶 丶 氵 氵 汁 泄 泩 洗 洗						
洗	洗	洗	洗	洗	洗		

jiān	丨 丨 门 门 问 间 间						
间	间	间	间	间	间		

저자약력

- **김명자**

중국 흑룡강대학교 중어중문과 문학학사
중국 흑룡강대학교 중어중문과 문학석사
부산대학교 중어중문과 문학박사
동아대학교/ 부산대학교/ 부산외국어대학교 중어중문학과 강사
현) 동의과학대학교 관광외국어계열 관광중국어전공 교수

〈저서〉
씽씽 중국어독해(정진출판사, 2007)
HSK 한권이면 끝 4급(동양북스, 2012)
씽씽 관광중국어(형설출판사, 2013)
완전정복 의료관광중국어(상 · 하)(백산출판사, 2016)

- **장혜영**

경남정보대학교 국제비즈니스계열 중국어과 겸임교수
鍂鍂중국어일본어전문학원 원장

- **이유나(삽화)**

서울시립대학교 산업디자인학과 3학년 재학

첫 단추 중국어

2020년 8월 25일 초판 1쇄 인쇄
2020년 8월 30일 초판 1쇄 발행

지은이 김명자 · 장혜영
펴낸이 진욱상
펴낸곳 (주)백산출판사
교 정 박시내
삽 화 이유나
본문디자인 오행복
표지디자인 오정은

등 록 2017년 5월 29일 제406-2017-000058호
주 소 경기도 파주시 회동길 370(백산빌딩 3층)
전 화 02-914-1621(代)
팩 스 031-955-9911
이메일 edit@ibaeksan.kr
홈페이지 www.ibaeksan.kr

ISBN 979-11-6567-146-4 13720
값 26,000원